U0666585

高质量师幼互动

面向 0-6 岁婴幼儿的 11 个关键点

[瑞士]凯特琳·沃特-拉格　夏　娟◎编著

华东师范大学出版社
·上海·

图书在版编目(CIP)数据

高质量师幼互动:面向 0—6 岁婴幼儿的 11 个关键点/
(瑞士)凯特琳·沃特-拉格,夏娟编著. —上海:
华东师范大学出版社,2025. —ISBN 978-7-5760-
5834-5

Ⅰ. G612

中国国家版本馆 CIP 数据核字第 2025WY1906 号

高质量师幼互动:面向 0—6 岁婴幼儿的 11 个关键点

编　　著　(瑞士)凯特琳·沃特-拉格　夏　娟
责任编辑　沈　岚
特约审读　王　杉
责任校对　宋红广　时东明
装帧设计　卢晓红　冯逸珺

出版发行　华东师范大学出版社
社　　址　上海市中山北路 3663 号　邮编 200062
网　　址　www.ecnupress.com.cn
电　　话　021-60821666　行政传真 021-62572105
客服电话　021-62865537　门市(邮购)电话 021-62869887
地　　址　上海市中山北路 3663 号华东师范大学校内先锋路口
网　　店　http://hdsdcbs.tmall.com

印 刷 者　上海昌鑫龙印务有限公司
开　　本　787 毫米×1092 毫米　1/16
印　　张　14
字　　数　222 千字
版　　次　2025 年 8 月第 1 版
印　　次　2025 年 8 月第 1 次
书　　号　ISBN 978-7-5760-5834-5
定　　价　88.00 元

出 版 人　王　焰

(如发现本版图书有印订质量问题,请寄回本社客服中心调换或电话 021-62865537 联系)

推荐序

欣闻好友凯特琳·沃特-拉格教授与夏娟博士的力作即将付梓,我颇为高兴。承蒙信任,嘱我作序,便欣然应允。此序不仅是一次学术对话,更是对两位杰出女性学者深耕幼教、架设中西桥梁的深深敬意。

沃特-拉格教授是欧洲学前教育领域的旗帜性学者,其领导的奥地利格拉茨大学学前教育系及国际职业化研究中心(PEP),长期致力于师幼互动质量与教师专业发展的前沿研究。她主持研发的"格拉茨0—6岁互动质量评估工具"(GrazIAS0-6),以其坚实的科学基础和卓越的实践指导性,已成为欧洲多国提升托幼质量的关键标尺。夏娟博士,则是我极为欣赏的兼具深厚中国本土实践与德国系统研修背景的青年学者。十几年来,我们见面不多,但从她微信朋友圈的日常点滴,可见她一直扎根一线、不断反思、持续进修,从上海的示范园到德国的托幼机构,再到师从沃特-拉格教授攻读博士学位,其研究始终聚焦于0—3岁托育的核心——师幼互动质量的中德比较与实践转化。两位作者,一位是理论深耕与方法创新的国际引领者,一位是知行合一、致力于本土化应用的杰出实践者与研究者,她们的携手,本身就是专业智慧与跨国协作的典范。

本书的诞生,根植于沃特-拉格教授团队长达十余年、跨越八国(奥地利、德国、葡萄牙、意大利、匈牙利、斯洛文尼亚、土耳其、中国)的严谨科学研究。其核心,是提炼自海量实证证据、被证明能有效提升0—3岁(后延伸至0—6岁)婴幼儿发展与学习质量的11条师幼互动"关键点"。这绝非经验之谈,而是有实证基础的科学研究。尤为可贵的是,本书并非简单译介。夏娟博士以其对中国托育生态的深刻理解,对德语原版进行了精心的翻译和本土化调整,使其语言、案例与内涵更能引起中国读者的共鸣,直击中国托育实践的核心关切。

当前,中国托育事业正经历前所未有的发展浪潮。"三孩"生育政策背景下,家庭对优质托育服务的需求激增,而供需矛盾与质量提升的挑战并存。国家层面虽已出台系列政策规范,但在实现高质量师幼互动这一核心质量维度上,专业指南仍显不足。

本书的问世,恰逢其时,意义重大。它直指中国托育质量提升的"痛点"与"刚需"——如何将"高质量互动"的科学认知转化为每一位托育工作者可理解、可操作、可评估的日常实践。我深信,本书不仅能为中国广大的托育机构管理者、一线教师、教研员提供极具价值的专业发展资源,为职前职后培养体系注入科学、系统的"互动"专题内容,更能为相关政策制定者、研究者理解高质量托育的核心要素提供重要参考。

是为序。

李　辉

香港教育大学幼儿教育讲座教授

2025 年 7 月 28 日写于八仙岭下

目　录

第二章

融入日常的语言教育 / 97

第三章
实施高质量师幼互动和语言教育——以进餐环节为例　/ 177

本书导言

为什么写这本书？

我们是谁

凯特琳·沃特-拉格教授
（Catherine Walter-Laager）

　　欧洲知名教育学者和早期教育领域专家，多年来致力于通过各种活动将其科学专业知识应用于实践并传播给公众领域。自 2016 年以来，她担任奥地利格拉兹大学（University of Graz）学前教育系负责人，创建并管理学前教育实践专业化发展国际研究中心（International Center for Professionalization in Early Childhood Educational Practice，简称 PEP），领导和开展多项国内国际研究课题，基于教师职业素养发展的科学研究结果和教学法研究，促进各级教师的职业素养提升和教育质量的保障。研究方向包括但不限于早期教育的教学法、师幼互动质量、语言和数学教育以及幼儿教师的专业化发展。沃特-拉格教授作为课题领导人和主编，带领研究团队于 2018—2021 年间在欧洲出版本书的德语原版，并参与了本书中文版的修订和本土化调整。

夏 娟

同时拥有中、德两国多年学前教育实践工作经验和科研项目研究经验。2008 年投身学前教育，师从华东师范大学周欣教授，硕士毕业后作为全职教师，曾任职于上海示范性幼儿园和双语国际幼儿园；后作为研究员专注于上海市幼儿园创新课程研究、社区教育和教师职后发展等课题开展。2017 年移居德国，系统接受 0—3 岁婴幼儿教师职后培训，并在德国托幼机构工作至今。2021 年开始成为沃特-拉格教授的博士研究生，聚焦中国和德国的 0—3 岁婴幼儿托育班级师幼互动质量的相关研究，于 2025 年 8 月获得奥地利格拉茨大学博士学位。一直致力于中德两国学前教育理论研究和实践教育的互相交流，将"0—3 岁婴幼儿入园适应柏林模型"和优质的德国 0—3 岁婴幼儿教育课程与教学法引入中国。作为本书中文版的编著作者之一，不仅单独翻译了德语原版内容，更依据中国需求对内容进行本土化调整。

需要特别指出的是，本书的德语原版由欧洲早期儿童教育领域的众多研究人员和教育专家共同编写。在中文版各章节的引言部分列明了相关作者的介绍。

我们的长期研究

在过去的十多年，沃特-拉格教授主持开展了大量以师幼互动质量为关注焦点的理论、实证和实践层面的深入研究。在对师幼互动已有文献进行科学、系统分析的基础上，其研究团队历时 3 年研发出专门针对 0—6 岁婴幼儿托幼机构师幼互动质量评估的工具——Graz Interaction Scale for children in the first six years（以下简称 GrazIAS 0－6）。自 2018 年以来，该工具已在奥地利、德国、葡萄牙、意大利、匈牙利、斯洛文尼亚、土耳其等国广泛用于评估婴幼儿托幼机构中的师幼互动质量[①]，并在德国、奥地利和瑞士的许多不同教育场景中得到了应用。2023 年，该工具

---

① Walter-Laager C，Barta M，Flöter M，Geißler C，Bachner C，Epping D，Sonnleithner T，Pölzl-Stefanec E. Graz Interaction Scale for Children under Six Years of Age (GrazIAS 0－6). Identifying and further developing good quality in the education and care of children-Measuring instrument for interaction quality in out-of-home educational and care facilities [M]. 2th ed. Graz: university of Graz，2022:12.

也被用来评估中国上海市 31 个托班的师幼互动质量①。

沃特-拉格教授及其团队同时聚焦于教师的专业化发展。基于科学研究成果,他们针对教育专业学生的培训和教师的职后教育编写了非常具体的实践指南,例如《看见托育机构高质量的养育和教育》《将语言教育融入托幼机构一日生活的十个步骤》以及《在关键教育情境中实施高质量师幼互动和语言教育:进餐环节、建构游戏和音乐活动》。这些编写成册的实践指南及其包含的数十个具有示范性的视频被广泛应用于德国、奥地利全境以及瑞士部分地区的诸多高等院校的专业课程以及各种教师培训项目中。

尽管各国存在文化差异,但我们发现许多国家(例如奥地利、瑞士、德国、中国)都以儿童的全面发展为核心,关注个体差异,倡导自主学习,重视社会能力的培养,并强调创造力和表达能力的发展。这些方面反映出不同国家在早期教育上共同的基本原则。

与中国相关的研究

2016—2018 年间,沃特-拉格教授主持国际性课题《幼儿教师关于教育与养育观念的国际比较——以数学为例》②,描述了不同国家和地区的幼儿教育工作者(瑞士、奥地利以及中国上海市、越南河内市)对于 3 至 6 岁儿童数学教育的观念以及他们的学业期望。在此基础上,沃特-拉格教授研发了用于提升早期教育专业人员素质的教学材料。

2021—2024 年间,夏娟开展博士研究《1—3 岁婴幼儿托班师幼互动质量与结构性因素的相关性:对来自中国和德国托幼班级互动质量的比较》,该研究以上海市托育实践发展中的师幼互动质量评估为出发点,走进 31 个托班,通过第三方评估、问卷调查、交流访谈积累了大量实证研究数据。再在实证研究的基础上,结合对中德两国政策的分析,探讨影响班级互动质量的因素,尝试给出可供参考的发展建议。沃特-拉格教授作为该项研究的指导者,也进一步深入理解了当下中国(以上海市为例)早期教育实践的现状和发展方向。

2023 年起,沃特-拉格教授主持开展国际性课题《使用数字学习材料促进教师教学反思能力的提升》。该课题在各国收集质性研究数据,包括并不限于奥地利、德国、瑞士、挪威、土耳其以及中国。课题研究团队在托幼机构内拍摄一日生活的完整视频,经由分析后制作成数字化的学习材料(翻译成多国语言版本),投放于开源和免费的学习平台,促使不同国家和地区的幼儿教育工作者通过自学获得专业知识并提升教学反思能力。2024 年 9 月,沃特-拉格教授走进位于中国香

---

① Xia Juan. Teacher-Toddler Interaction quality and the Associations with Structural Features: A Comparative Study of Toddler Classrooms from Germany and China [D]. Graz: university of Graz,2025.

② 课题全称为 Bildungs- und Erziehungsvorstellungen von Elementarpädagogen: innen am Beispiel von Mathematik im internationalen Vergleich 更多信息见网站:https://vorstellung-erziehung-mathematik.uni-graz.at/de/.

港和上海的幼儿园进行深度观察，并与中国的教育研究者、幼儿园园长和教师开展对谈，共同探讨幼儿教师的职业化发展。

编写本书的背景

随着中国"全面两孩"和"三孩"生育政策的推行，中国家长对 0—3 岁婴幼儿托育服务的需求显著增加①。政府支持各种类型婴幼儿托幼机构的发展②，公立幼儿园陆续开办托班，私立托育服务市场也不断增长和扩展。尽管政策推动和市场扩展显著，但托育服务的供需矛盾依然存在。根据最新研究数据结果，在中国，82% 的 2—3 岁儿童家长和 18% 的 2 岁以下儿童家长需要托育服务，但只有 5.5% 的孩子得到托育服务的名额③。另一方面，家长需要优质的托育服务。研究表明，接受高质量教育和照护服务的 0—3 岁婴幼儿在行为表现、社会能力和学业成就方面表现更佳。此外，0—3 岁阶段的托育质量能够预测这些儿童在进入青春期后的认知和学业表现④。

为了提升托育服务的质量和规范性，中国陆续出台了一系列政策和规范，如 2019 年 10 月，国家卫生健康委印发《托育机构设置标准（试行）》和《托育机构管理规范（试行）》；2021 年 1 月印发《托育机构保育指导大纲（试行）》，并加强对托育机构的监督，来提高儿童照护服务的质量⑤。师幼互动作为早期教育质量评估的核心要素⑥，被认为是促进托幼机构儿童发展的重要途径⑦。然而，目前在中国国家层面尚未发布具体的针对托幼机构实现高质量互动的相关教育指南或概念描述。

从中国师幼互动质量研究的现状来看，绝大多数研究者聚焦在 3—6 岁年龄段儿童，极少量研究聚焦在 0—3 岁婴幼儿托育班级的师幼互动。2021 年起，有研究者使用国际师幼互动评估工具

① Hong X，Zhu W and Luo L. Non-parental Care Arrangements，Parenting Stress，and Demand for Infant-Toddler Care in China: Evidence from a National Survey [J]. Front. Psychol，2022:1－2.

② Hong X，and Tao X. The policy and practice of educating and caring for infants and toddlers in China during the 40 years of reform and opening-up [J]. Stud. Early Child. Educ，2019，2:3－11.

③ Hong X，Liu Q，Zhang M，Li H. The Accessibiity，Quality，and Administration of Childcare Services for Birth to 3 years under China's Universal Two-child policy [J]. Early Education and Development，2022，33(3):508－522.

④ Vandell D L，Belsky J，Burchinal M，Steinberg L & Vandergrift N. Do effects of early child care extend to age 15 years? Results from the NICHD Study of Early Child Care and Youth Development [J]. Child Development，2010，81(3):737－756.

⑤ Hong X，and Tao X. The policy and practice of educating and caring for infants and toddlers in China during the 40 years of reform and opening-up [J]. Stud. Early Child. Educ，2019，2:3－11.

⑥ 胡碧颖，王双.学前教育质量评价：研究与实践[M].北京:北京师范大学出版社,2021:92.

⑦ La Paro K M，Williamson A C，Hatfield B. Assessing Quality in Toddler Classrooms Using the CLASS-Toddler and the ITERS-R [J]. Early Education and Development，2014，25:875－893.

对北京和中部城市的托班师幼互动质量现状进行了评估。结果显示所测评的托班师幼互动整体水平不高,处于中低水平①。不同地区(高经济发展地区和低经济发展地区)和不同班级得分差异相对较大②。示范性托幼机构的得分显著高于非示范性托幼机构,特别是教师对幼儿的学习支持,二者得分差异较大③,来自学前教育专业的幼儿园教师的得分显著高于非学前教育专业的教师,不同学历(本科、大专、中专)教师的师幼互动质量有显著差异,本科学历教师的得分最高,中专学历的教师得分最低④。

在"三孩"生育政策的背景下,研究者普遍认为培养专业化的教师是保障托育服务质量的根本所在⑤。当下中国需要建立系统的教师职前职后"师幼互动"专题培训体系,让职前教师掌握系统的师幼互动知识和技巧,引导职后教师打破能力提升瓶颈,切实提高教师师幼互动水平⑥。

正是看到了目前中国托幼机构的现实情况和教师职前职后教育的现实需求,我们希望分享沃特-拉格教授及其研究团队过去十几年基于科学研究得出的成果,分享提升教育质量的经验,并期待中国的幼教工作者能将其应用于自己的教育实践,以提高教师与幼儿互动的质量,推动中国幼儿教育工作者的职业化发展。

这本书提供了什么?

本书来源

本书的内容主要源于以下三项研究,包含重要的实证研究成果和理论知识体系梳理。每项研究成果都可以在奥地利格拉兹大学官网上查询。本书作为中文版首先翻译了原版德语内容,在保持"原汁原味"的基础上进行了一定的本土化调整。

---

① 丁骞,郑雯,张青瑞,吴衍丽.教师特征对托班师幼互动质量的影响——基于 CLASS Toddler 的实证研究[J].陕西学前师范学院学报,2023,39(6):78—85.

② 杨希,张丽敏."三孩"政策背景下托育质量的困境与出路——基于 CLASS Toddler 的实证研究[J].广州大学学报(社会科学版),2021,20(6):95—104.

③ 王诗雨,刘昊,罗丽,鲁嘉琦.北京市示范性与非示范性托育机构师幼互动质量对比研究[J].幼儿教育,2023,(27):36—40.

④ 杨希,张丽敏."三孩"政策背景下托育质量的困境与出路——基于 CLASS Toddler 的实证研究[J].广州大学学报(社会科学版),2021,20(6):95—104.

⑤ 王诗雨,刘昊,罗丽,鲁嘉琦.北京市示范性与非示范性托育机构师幼互动质量对比研究[J].幼儿教育,2023,(27):36—40.

⑥ 丁骞,郑雯,张青瑞,吴衍丽.教师特征对托班师幼互动质量的影响——基于 CLASS Toddler 的实证研究[J].陕西学前师范学院学报,2023,39(6):78—85.

第一，《看见托育机构高质量的养育和教育》（Gute Qualität in der Bildung und Betreuung von Kleinstkindern sichtbar machen）：该项目为一项跨国研究，于 2017—2018 年开展，由瑞士和奥地利两国财政支持，旨在研究、促进和保障奥地利和瑞士苏黎世市 0 至 2 岁婴幼儿在托育机构中接受的保教质量，尤其聚焦于如何提高游戏情境中的互动质量。研究成果梳理出 11 条作为基础的标准，并辅以采集自教育现场的示例视频，这些示例体现了高质量的师幼互动场景。该研究成果被浓缩为一份供幼儿教师使用的指导手册，以期为教育者搭建理论标准与实践应用之间的桥梁。

具体信息参见网站：https://krippenqualitaet.uni-graz.at/de/。

第二，《将语言教育融入托幼机构一日生活的十个步骤》（10 Schritte zur reflektierten alltagsintegrierten sprachlichen Bildung）：该项目受奥地利施蒂利亚州（Steiermark）委托和财政支持，于 2018 年开展。项目基于大量儿童早期语言教育的实证研究结果，梳理出托幼机构日常生活中促进语言教育的最重要策略，并将其用于实践。项目成果包括出版相关教师培训用书，鼓励教师通过理论学习、示例视频、实践建议、自我反思清单等方式来反思自身实施语言教育的策略，提升班级的互动质量。

具体信息参见网站：https://sprachliche-bildung.uni-graz.at/de/。

第三，《在关键教育情境中实施高质量师幼互动和语言教育：进餐环节、建构游戏和音乐活动》（Essenssituationen，Bauen und Konstruieren，Musik：Gute Interaktionsqualität sichern und sprachlich begleiten）：该项目受奥地利施蒂利亚州（Steiermark）委托和财政支持，于 2020—2021 年开展。项目联结上述两项课题研究成果，将高质量师幼互动和语言教育融入建构、音乐和律动活动以及进餐环节等日常生活中。课题成果包括教师学习用书和对应的示例视频，使教育工作者能清晰看见语言教育和师幼互动中的良好教学质量。

具体信息参见网站：https://sprachschatz.uni-graz.at/de/。

本书内容

本书共有三章，每章可供读者独立使用和阅读，以支持早期教育工作者的专业实践。本书内容紧紧围绕能有效提高"师幼互动"的 11 条标准（本书称为"关键点"）来展开，区别于来自教育实践的个体经验积累和反思提炼，这些关键点全部来自科学实证研究的结果。读者在阅读时会感觉到自己在和这些名词"对话"，它们是本书阅读的中心，由此延伸出简洁清晰的理论阐述以及极具操作性的视频教研工作法，教师可借由后者来学习和实践 11 个关键点。

第一章主要介绍代表高质量师幼互动的 11 个关键点。每个关键点都有对应的概念内涵、场景描述、理论依据和实施建议。每个关键点对应有"工作坊"，通过视频教研工作坊帮助教师深度理解这些抽象的关键点在教育实践中是如何表现的,即具体表现为什么样的师幼互动行为,再引导教师将它们运用到自己的实践中,以此丰富和深化教师的师幼互动水平。

第二章在教师理解和实践高质量师幼互动的前提下,以"语言教育"这一基础又核心的儿童学习与发展领域为切入点,重点介绍将语言教育融入日常的各项科学策略。本章的理论学习部分去除了晦涩的理论阐述,将科学研究结果与具体的教师教学行为联结,文字读来亲切,并辅以各种实践案例描述。再通过视频教研工作坊提供对示例视频的分析、实践建议、反思计划以及教师自测问卷表等工具,详细指导教师如何设计教育日常,为儿童的语言习得提供最佳支持。

第三章将前两章的研究成果结合起来,将读者的目光引到托幼机构的一日生活流程中,以进餐环节为例,详细说明如何确保高质量的师幼互动并开展高质量的语言教育。本章提供了大量将进餐环节设计得既轻松又富有教育意义的教育建议,这特别重要。因为进餐环节是婴幼儿在托幼机构中每日重要的常规活动,婴幼儿在进餐时必须感到放松和舒适才能良好且健康地进食。

本土化改动

在理论知识部分,我们对原版内容作了小幅扩展,增加了对中国政策及相关研究成果的梳理,以更贴近国内早期教育工作者的知识结构和本土化需求。针对国内教育工作者可能不太熟悉的概念或专业术语,不仅附上详细脚注,还对其文化背景做出解释。具体表现为以下三处。

第一,在第一章中,我们将每一条师幼互动关键点都与教育部于2022年颁布的《幼儿园保育教育质量评估指南》中的相关内容进行对照,以帮助读者更好地理解如何将本书内容运用于自己的实践工作,明确哪些部分能具体促进哪一板块保教质量的提高。在第二章中,我们将本书中介绍的不同语言教育策略与教育部于2012年颁布的《3—6岁儿童学习与发展指南》中"语言"领域内容进行对照,以帮助读者清晰地理解如何应用这些策略落实《3—6岁儿童学习与发展指南》,供教师在实践中有的放矢地运用。

第二,本书的所有章节都引入了视频教研法,以"工作坊"形式来呈现。其用意一方面是通过观看和分析示例视频帮助教师将抽象的评估标准、指南或者教学要求转换为具体的教师教学与互动行为,促使教师深入理解代表高质量师幼互动的11个关键点以及在托幼机构的一日生活中开展语言教育的有效策略。另一方面是以这种方式促进当下集体教研内容和形式的深度转型与升级。

在"工作坊"部分,我们根据国内教师熟悉的教研形式,对原版德语内容的教研流程进行了若干调整。

- 在"理论学习"和"集体交流"环节新增相应的问答表格,帮助教师梳理关键信息,让交流变得更有效;在"观看视频并讨论"环节新增相应的开放性问题,引导教师聚焦核心问题;在"联系实践""制定下一步实践计划"环节新增所需的记录表、海报展示等工具,旨在通过提供多角度和多层次的结构性工具来引导教师进行有效梳理和深度思考。
- 在本书第一章和第二章的"观看专家评论并交流"环节,读者将观看到来自欧洲发展心理学和教育科学领域专家对示例视频的评论,我们在本书中新增了专家对视频点评的文字版,提供读者快速阅读文字并捕捉有效信息的途径。
- 在"制定本园行动计划"环节,由于每个园所面临的发展和挑战有所不同,因此我们并不认为所有园所应做相同的事,更提倡每个园所根据自己的现状和特色,形成具有可操作性的个性化行动计划。
- 增设"本主题教研总结"环节,这就像是作者和读者在实践工作坊之后的一次隔空交流,当教师在实践中运用本书提到的关键点并遇到困惑或困难时,这个部分便是本书作者团队最想分享给读者的"心里话",它也为教研活动的组织者提供了如何提炼教研结果的思路。

本书"工作坊"部分采用的"视频教研法"是一种新型的教研形式,为教师提供了学习与反思的新路径,涉及理论知识问答、教师间开放式交流、针对视频的观摩和探讨、联系教学实践的游戏和互动以及对下一步的实践、反思与交流。教师在集体共读、共学、共同研讨的氛围中持续进行思考、对话、反思、讨论,能显著促进教师的专业化发展。"工作坊"中涉及的所有示例视频[①]均来自欧洲的教育实践现场,与大家通常看到的中国社会背景下的教学互动有所不同,由这种差异所带来的感知刺激,能直接激发教师的反思和思考,例如,"原来这么做也可以!""为什么他们这么做?""我们是否也可以这样尝试?"以此来训练和提升教师的反思能力和专业素养,鼓励教师尝试将其用于自己的教学实践,最终促进国内儿童的学习与发展。

第三,本书的第一章虽然聚焦于描述 0—3 岁婴幼儿托育班级师幼互动质量,但所提出的高质量师幼互动 11 个关键点在沃特-拉格教授领导的后续研究中被证实能同样运用于提高 3—6 岁学前儿童班级的师幼互动质量,因此她将这些关键点适用的年龄范围由 0—3 岁修订为 0—6 岁,并

---

① 示例视频可扫码观看,具体参见各章示例视频一览表。

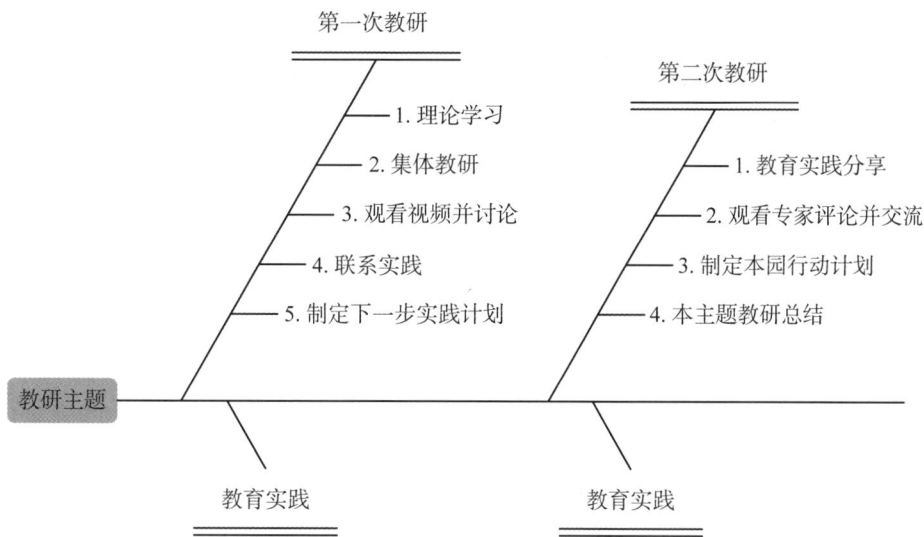

图 1　应用视频教研法的工作坊基本流程

于 2022 年推出针对 0—6 岁婴幼儿班级师幼互动质量评估的工具——GrazIAS 0－6[①]。基于以上原因,本书在翻译原版并进行改编的过程中,将书名和适用年龄段调整为"0—6 岁婴幼儿"。

本书适合什么人看?

本书的读者对象是在各种类型的托幼机构中与婴幼儿互动并为其提供支持的教育工作者。

- 如果您是个人学习者,可以根据兴趣灵活阅读本书中的任意章节。
- 如果您是托幼机构的管理者或教研主任,可以使用本书作为开展集体教研、教师培训、专题工作坊的学习材料。可以参考本书中"工作坊"部分的流程说明,基于本机构的教师人数和教研计划,将书中内容融入其中,为每学期的教研工作设置更适宜的教研主题和更新颖的教研方式,也让集体教研发挥出更多指导教育实践的实际效用。
- 如果您是高校教师或师资培训者,可以将本书用作《0—6 岁婴幼儿师幼互动》《幼儿园

---

① Walter-Laager C，Barta M，Flöter M，Geißler C，Bachner C，Epping D，Sonnleithner T，Pölzl-Stefanec E. Graz Interaction Scale for Children under Six Years of Age (GrazIAS 0－6). Identifying and further developing good quality in the education and care of children-Measuring instrument for interaction quality in out-of-home educational and care facilities［M］. 2th ed. Graz: university of Graz，2022.

语言教育》等职前职后专业课程的参考资料，丰富课程的内容和国际化视野。

　　我们希望，通过使用本书，您可以丰富对"高质量师幼互动""融入日常的语言教育""进餐环节中的语言教育和师幼互动"这些概念和内涵的理解，获得如何提升教育质量的有效建议，并将其内化为在自己园所和班级中可执行的行动计划，实现自身的专业化成长，并让儿童从中获益。

看见并理解
高质量师幼互动

本章导读

大量已有研究表明,在学前儿童班级里发生的积极的师幼互动与儿童的学习成绩呈显著正相关,尤其体现在语言水平和读写能力(Hu,Wu 等,2018;Bulotsky-Shearer 等,2020)。而托育环境中的师幼互动质量同样被研究证实是0—3 岁婴幼儿成长发展的关键因素。高质量的互动能促进0—3 岁婴幼儿的行为发展,例如显著减少幼儿的破坏性行为和增强他们的工作记忆(Briggs-Gowan & Carter,2006;La Paro,Williamson & Hatfield,2014;Grosse,Simon,Soemer,Schönfeld,Barth & Linde,2022)。此外,脑神经科学研究证实,通过有意义、积极的社交互动和愉快的活动,儿童可以更好地发展他们的执行功能技能(Center on the Developing Child,2007),社会情感发展和亲社会行为也得到促进(Grosse 等,2022)。

2022 年,教育部颁布《幼儿园保育教育质量评估指南》(以下简称《评估指南》),以促进学前教育高质量发展。这份政策文件聚焦幼儿园保育教育过程质量,评估内容主要包括办园方向、保育与安全、教育过程、环境创设、教师队伍等 5 个方面,共 15 项关键指标和 48 个考查要点。在评估"教育过程"方面,将"师幼互动"列为关键指标,具体包含以下考查要点:

- 教师保持积极乐观愉快的情绪状态,以亲切和蔼、支持性的态度和行为与幼儿互动,平等对待每一名幼儿。幼儿在一日活动中是自信、从容的,能放心大胆地表达真实情绪和不同观点。(具体解读见本章第 2 节、第 6 节、第 9 节)
- 支持幼儿自主选择游戏材料、同伴和玩法,支持幼儿参与一日生活中与自己有关的决策。(具体解读见本章第 1 节)
- 认真观察幼儿在各类活动中的行为表现并做必要记录,根据一段时间的持续观察,对幼儿的发展情况和需要做出客观全面的分析,提供有针对性的支持。不急于介入或干扰幼儿的活动。(具体解读见本章第 8 节)
- 重视幼儿通过绘画、讲述等方式对自己经历过的游戏、阅读图画书、观察等活动进行表达表征,教师能一对一倾听并真实记录幼儿的想法和体验。

- 善于发现各种偶发的教育契机,能抓住活动中幼儿感兴趣或有意义的问题和情境,能识别幼儿以新的方式主动学习,及时给予有效支持。(具体解读见本章第 8 节)
- 尊重并回应幼儿的想法与问题,通过开放性提问、推测、讨论等方式,支持和拓展每一个幼儿的学习。(具体解读见本章第 3 节、第 8 节)
- 理解幼儿在健康、语言、社会、科学、艺术等各领域的学习方式,尊重幼儿发展的个体差异,发现每个幼儿的优势和长处,促进幼儿在原有水平上的发展。不片面追求某一领域、某一方面的学习和发展。(具体解读见本章第 8 节、第 9 节)

在实践工作中,教师首先面临的挑战是准确理解以上考查要点,然后将其转化为具体的师幼互动行为和策略,以确保自己班级的师幼互动质量。而另一项教师需要面对的挑战,则是要考虑儿童的个体需求,如何根据每个儿童不同的发展阶段和学习特征来调整自己的互动行为。

本章包含的 11 个高质量师幼互动关键点,可以为读者解决以上难题提供思路。读者可以在具体章节中详细了解哪个关键点与《评估指南》中哪条考查要点相对应,为什么能将其作为国内教师理解"师幼互动"考查要点的解读参考,为什么书中的实施建议能提升教师在实践中与幼儿互动的质量,适当、有效地落实《评估指南》提出的要求。

11 个高质量师幼互动关键点的提出来自沃特-拉格教授及其研究团队的成果。研究团队首先通过系统化文献检索,从所有已发表或出版过的文献中提取与儿童教育质量标准有关的关键词,对其进行结构化内容分析(Walter-Laager,Flöter,Geißler,Petritsch & Pölzl-Stefanec,2019),归纳出 11 条描述教师与婴幼儿之间良好互动的关键点,再拍摄、制作对应的教育实践视频作为示例(Walter-Laager,Pölzl-Stefanec,Gimplinger & Mittischek,2018),然后确定这些关键点的操作性定义,划分出不同的层次水平,最终研发出相应的师幼互动质量评估工具——GrazIAS,并验证了工具的有效性。从 2018 年起,GrazIAS 评估工具被广泛应用于欧洲各国,2023 年也被用于评估上海市幼儿园托班的师幼互动质量现状。

本章包含 11 节,每一节聚焦高质量师幼互动的一个关键点,每一个关键点包含两部分内容。第一部分是基于婴幼儿年龄发展特点及其在托育环境中的需求,对该关键点进行概念描述,呈现相关实证研究结果,并提出开展教育实践的建议。第二部分为该关键点对应的视频教研法,以从瑞士和奥地利地区精选的高质量师幼互动示例视频为素材,通过"工作坊"中详细列明的教研流程来帮助教师讨论和理解相关概念,思考如何在日常实践中落实该关键点。

每个关键点对应的视频教研工作坊分 1—2 次进行。通常,教师会先开展一次集体教研,观看相关示例视频,基于直观感受进行讨论,然后回到教育实践中,应用所学内容来完成一定任务。

在第二次集体教研中,教师基于之前任务实践中有针对性积累的素材,结合发展心理学专家和教育专家对示例视频的分析,再次进行反思和讨论,最终对关键点的内涵达成共识,也进一步明确如何在教育实践中有效落实。通过这种"教研-实践-再教研"的模式,持续开展实践、反思和讨论,借助集体教研的力量帮助教师个体提高专业能力。

我们希望通过本章内容为国内教师提供关于发现、分析师幼互动质量的框架,通过具有启发性的示例来助力教师不仅知道"是什么",更明确"怎么做"。

参与本章编写的作者

埃娃·波尔兹尔-斯特凡内茨(Eva Pölzl-Stefanec)

博士,副教授,主修幼儿教育,拥有多年幼儿教师工作经验。博士论文为《托育中心教师职前教育的要求》。研究重点包括幼儿教师的专业化发展、托幼机构的照护和教育以及质量发展。

克里斯蒂娜·金普林格(Christina Gimplinger)

社会教育学幼儿教育方向硕士,拥有多年幼儿教师工作经验。研究重点包括托幼机构的时间和活动结构、教育专业咨询以及幼儿教师的职前教育。

莱亚·米蒂舍克(Lea Mittischek)

社会教育学幼儿教育方向硕士,奥地利格拉茨大学学前教育系项目助理。研究重点包括托幼机构的质量发展、同伴互动以及师幼互动。

参与本章视频讨论的专家

莉泽洛特·阿纳特(Lieselotte Ahnert)

博士、教授,享誉国际的心理学家。她从发展心理学的角度开展了众多研究项目,探索儿童在托幼机构环境中的发展。自 2008 年 10 月起担任维也纳大学的发展心理学教授。其研究重点包括发展心理学、依恋和托幼机构中的养育。

苏珊娜·菲舍尔（Susanna Fischer）

社会教育学硕士，专注 0—1 岁婴幼儿的养育和教育，拥有丰富工作经验。目前在瑞士苏黎世的维文塔师范大学教授 PEKiP 课程①，为家庭和托育机构提供咨询服务，并定期为教师提供辅导、培训和进修课程。此外，她还提供面向哭闹婴儿的咨询、睡眠指导和育儿咨询。

多萝特·古特克内希特（Dorothee Gutknecht）

博士，教授，拥有多重专业资质背景，包括特殊教育学士，言语矫正师，呼吸、言语和声音治疗师，以及口腔和进食治疗师。作为弗莱堡福音派师范大学的教授，她的研究领域涵盖早期儿童教育、融合教育和语言教育，并出版多种专著。在早期教育和早期干预治疗领域拥有丰富的实践经验。2012 年，她创建了弗莱堡南西地区的儿童托育和日托保育质量联盟，约 500 名来自教育、早期干预治疗、科学和艺术领域的专业人士加入该联盟。

雷古拉·谢勒（Regula Keller）

博士，语言学家，教育科学研究员，目前担任瑞士苏黎世儿童保育和教育部门的负责人。作为市政府的一名管理者，她在本书中将从管理者的视角分析 0—3 岁婴幼儿托育和教育实践工作。此外，她还从事托育机构教师的职后培训工作。

伊姆加德·科伯-穆尔格（Irmgard Kober-Murg）

学前教育专业毕业，拥有超过 25 年早期教育实践工作和园长管理工作经验。目前担任奥地利施泰尔马克州政府的托幼机构专业监管和教育事务专家，出版多部早期教育专业书籍。其研究重点是托育机构的高质量教育。

---

① PEKiP 课程：全称 Das Prager-Eltern-Kind-Programm，是瑞士家庭教育的经典之作，为家长提供在家陪伴婴幼儿健康成长的指导课程。

高质量师幼互动关键点一览表

赋予参与权

为孩子创设条件和情境，使得他们能够参与自己在园的一日生活。

支持体验关系

组织托幼机构的一日生活，支持孩子体验与教师和同伴的关系，积累相关经验。

启发性交流

在陪伴孩子游戏、生活的过程中，给予有启发性的语言引导，提供丰富的词汇示范。

丰富感官经验

支持孩子开展丰富的感官探索，并在探索的过程中陪伴他们。

高质量师幼互动

面向 0—6 岁婴幼儿的
11 个关键点

建立和遵守合理的规则

与孩子共同遵守教室里的规则。

身心在场

在与孩子相处的时间里，身体和情感都保持在场状态。当孩子需要时，给予他们合适的回应、陪伴、尊重与认可。

解读信号

积极地观察孩子，致力于将孩子的行为和反应放在当下的具体情境中加以理解，并做出适当的回应。

给予启引

积极观察孩子的游戏，给予启发或引导，以帮助孩子扩展自己的游戏过程。

关注个别需求

在组织一日生活流程时保留一定灵活性，以便在可能和必要的情况下根据孩子的个别需求进行调整。

帮助调节情绪

将孩子从紧张的情境中带离、提供身体亲近，给予孩子释放压力或紧张情绪的机会，帮助孩子调节负面情绪。

陪伴解决冲突

将孩子之间的冲突理解为重要的同伴互动过程，引导和陪伴孩子解决冲突，缓解孩子之间紧张的气氛。

高质量师幼互动示例视频一览表

赋予参与权

1. 在餐食准备环节赋予孩子参与权*
2. 在收拾玩具环节赋予孩子参与权

支持体验关系

3. 在来园环节支持孩子体验关系*
4. 涂防晒霜时支持孩子体验关系

启发性交流

5. 与孩子一起看书时的启发性交流*
6. 游戏情境中的启发性交流

丰富感官经验

7. 在花园洗脚时丰富感官经验*
8. 在吃粥时丰富感官经验

高质量师幼互动示例视频

扫码观看视频

建立和遵守合理的规则

9. 吃苹果片时要遵守的规则*

身心在场

10. 为孩子提供安全感*
11. 陪伴孩子爬梯子
12. 陪伴孩子玩轮胎

解读信号

13. 解读孩子的信号*
14. 对孩子疲劳信号的个性化回应

给予启引

15. 通过提供游戏材料给予孩子启引*
16. 陪伴孩子探索罐子
17. 在小年龄孩子游戏时给予启引

关注个别需求

18. 在一日生活流程中考虑孩子的个别需求*
19. 组织个性化的进餐环节

帮助调节情绪

20. 由玩具汽车引发的冲突*
21. 当孩子与教师发生冲突

陪伴解决冲突

22. 争夺玩具婴儿车*
23. 在游戏情境中有意识地陪伴孩子解决冲突

---

* 为本章"工作坊"部分应用的示例视频。

1 赋予参与权

为孩子创设条件和情境，使得他们能够参与自己在园的一日生活并贡献力量。

场景描述

孩子在幼儿园参与自己的一日生活，是通过学习和经验的积累来实现的。教师在班级的一日生活中，倾听婴幼儿的声音，观察他们的活动，支持他们独立自主地掌握日常生活技能，同时鼓励年长的孩子作为年幼孩子的榜样。即使是非常年幼的孩子，也可以在教室里参与进餐前摆桌子的准备工作，可以自由拿取自己想要的游戏材料，游戏结束后再将它们放回原处。面对年龄特别小的孩子，教师同样应该给予他们机会，支持、鼓励他们参与部分生活活动，例如学步儿可以把餐具放在桌子上，把游戏或材料摆放整齐。在这个过程中，教师根据对当下场景的判断和对本班孩子发展水平和需求的了解，来选择是由教师完成剩余的工作，还是和孩子一起完成。

无论是面对 0—3 岁婴幼儿还是 3—6 岁学前儿童，教师都需要在信息表达层面上，向他们清晰地说明当下教师的行为、解释教师的决定、表达教师将要开展什么样的活动，给予孩子知情权和参与权。在班级一日生活的共建中，教师要为孩子充分地创造机会和条件，鼓励孩子积极主动地参与班级的一日生活，并在每日的大部分时间里，都能够自主决定自己的游戏过程。

理论依据

《联合国儿童权利公约》明确地强调了孩子的参与权："每个孩子都有权在与其有关的所有事务中以符合其年龄和发展水平的方式进行适当的参与，考虑他/她的想法"（BGBl. I，2011，S.2）。因此，参与权是一项法定义务，从孩子进入托幼机构起就应该赋予他们参与权（Rehmann，2016）。参与意味着让孩子参与班级事务决策，参与决定班级一日生活的各环节。赋予孩子参与权的基础是五个原则：知情原则、透明原则、自愿原则、可靠性原则[①]和个性化支持原则。通过落实这五项原则以及引导孩子参与，能加强教师和孩子之间的师幼关系（Lutz，2016）。

在托儿所、幼儿园等托幼机构中，是否允许孩子参与其一日生活以及参与到什么程度，主要取决于教师。教师决定是否以及何时采纳孩子的想法和兴趣，并考虑如何把孩子的想法和兴趣整合进一日生活中的教学、生活、游戏等环节（Hansen，Knauer & Sturzenhecker，2011）。

---

① 可靠性原则：学者 Ronald Lutz 提出信任和可靠是人际关系或某些流程或系统中应遵循的基本原则。在托幼机构里，可靠性原则要求教师通过与孩子的相处和互动，让孩子对教师产生信任感，觉得教师可靠。例如，孩子相信教师会在一日生活中陪伴他/她，不会让他/她独自一人；孩子相信赋予他们的权利会受到教师的尊重；孩子相信教师告知他们要做的事情必然会实现，即使不能实现他们也会被告知原因或替代方案。

在教育部颁布的《评估指南》中，第 26 条明确指出"支持幼儿自主选择游戏材料、同伴和玩法，支持幼儿参与一日生活中与自己有关的决策"。可见，赋予孩子参与权是当下全球各国提高保育教育质量的共同关注之一。

虽然说，孩子的参与权并不受限于他们的年龄。然而，越是在小年龄孩子，例如 0—2 岁婴幼儿身上，教师越需要注意年龄特点，因为 0—2 岁婴幼儿还不能清晰地使用语言表达自己的想法或兴趣，因此教师应观察孩子的身体语言，包括他们的面部表情和手势，然后使用语言来清晰描述孩子想表达的内容。教师要在孩子需要的时候提供帮助，并对他们充满信任，从而使孩子的自主性和独立能力得到充分发展（Priebe，2012）。此外，教师也应在一日生活中通知或告知孩子即将发生的事情，或清晰表达教师的期待或期望（Rehmann，2016）。

即使是在给孩子换尿不湿、让孩子如厕等护理与照料情境中，让孩子参与同样具有重要的意义。教师在这些过程中要表达自己尊重、关爱的态度并积极关注孩子，在这些情境中提供孩子参与的机会，让他们积累自主表达、参与决策和感受自身需求被尊重的经验。要实现这些目标，需要孩子积极参与，与教师一起完成（Rehmann，2016）。

实施建议

空间的布置、游戏材料的选择和设计要充分考虑到，孩子是否可以随时自由地获取并使用。有组织的游戏或教学计划，例如团队规则、玩具整理要求或饮食计划，要以孩子看得懂的符号或图像的形式展示给他们。

在班级一日活动中，教师要特别注重尽可能多地让孩子参与。孩子不仅可以在过渡环节中积极地参与，还要参与到生活活动中，例如准备餐食。此外，让孩子参与当下活动的准备工作，任命和安排负责这个活动的孩子，也很重要。例如，小组游戏时，由某个孩子负责管理或组织其他孩子的游戏。

工作坊：在一日生活中赋予孩子参与权

教研次数：本主题教研分两次举行。

教研目标

1. 理解在一日生活中赋予孩子参与权的概念、意义和原则。

2. 探讨在一日生活中赋予孩子参与权的实践可行性，例如对空间布置和材料的要求、对教师分工配合的要求以及园所管理层能够提供的支持。

第一次教研

材料准备

- 本书内容（第19—20页）
- 记录表①和笔（人手一支）
- 两种颜色的便利贴（如黄色、绿色）
- 胶带
- 两张空白的大张海报纸和记号笔
- 视频1《在餐食准备环节赋予孩子参与权》
- 投影仪或大型显示器

活动流程

一、理论学习（10—15分钟）

主持人：（分发阅读材料和记录表1-1）请大家阅读"赋予参与权"的理论部分，并尝试完成记录表。

---

① 本书"工作坊"涉及的记录表可通过复印页面和下载打印的方式使用。如果你需要记录表的电子版，可添加出版社客服索取：QQ——977212248，微信——yueryingsh。

记录表 1-1 "赋予参与权"概念问答

问题	回答
1. 什么是班级里孩子的参与权？	
2. 赋予孩子参与权的 5 个原则是什么？	
3. 教师如何赋予孩子参与？	
4. 列举一日生活中至少 5 个能赋予孩子参与权的环节。	
5. 为了保障孩子的参与权，教室里的玩具应该如何选择和放置？	

二、集体交流(10—15 分钟)

主持人组织现场教师集体交流对以上问题的回答，共同讨论对于"赋予参与权"这一概念的想法或疑惑。

三、观看视频并讨论(20—30 分钟)

1. 主持人播放视频 1《在餐食准备环节赋予孩子参与权》(仅播放师幼互动现场部分)。教师在观看视频的同时，可以将自己的想法或感受补充进记录表 1-1。

2. 教师分组交流自己的记录或感受。

四、联系实践(15—20 分钟)

1. 主持人向现场教师分发两种颜色的便利贴。教师可选择在绿色便利贴上写下在自己班级中，孩子对哪个环节或场景有参与权，在黄色便利贴上写下孩子对哪个环节或场景没有参与权。主持人提醒教师：每张便利贴上只记录一个案例，匿名记录即可。

2. 主持人收集所有便利贴，按颜色分类。去除重复的内容后，将记录着孩子拥有参与权的案例(绿色便利贴)集中贴在一张海报纸上，将其展示于墙面，用记号笔写上海报主题"孩子已有参与权的环节或场景"，确保所有教师能清晰看到海报上的内容。将记录着孩子无参与权的案例(黄色便利贴)收拢成堆,然后请每位教师从中随机抽取一张。

3. 分组讨论:小组内成员轮流阅读自己抽到的黄色便利贴上的内容,与其他成员一起思考和讨论"如果自己遇到便利贴中描述的情境,要如何做才能赋予孩子参与权",听取其他成员的意见,在自己抽到的便利贴上补充记录。

4. 分组讨论结束后,主持人请所有教师将自己抽到的黄色便利贴集中贴在另一张海报纸上,用记号笔写上海报主题"教师的下一步实践",展示于墙上。(如下图)

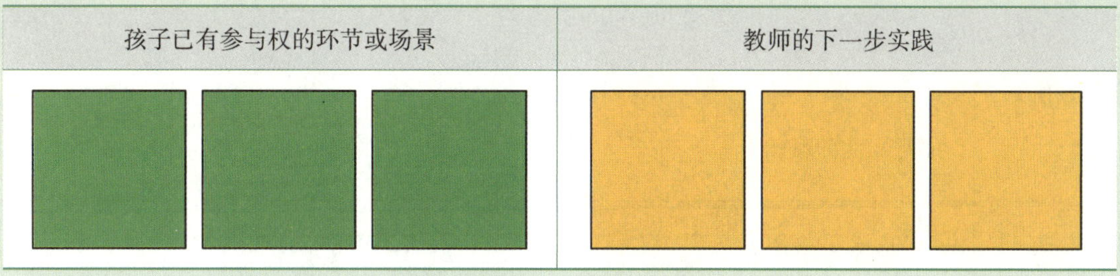

孩子已有参与权的环节或场景	教师的下一步实践

图 2　案例海报展示示意图

五、制定下一步实践计划(5—10 分钟)

1. 主持人请每位教师从"教师的下一步实践"墙面展示中选择一个环节或场景(从海报上取下便利贴),作为自己接下来要在班级里开展教育实践和观察记录的内容。

2. 主持人分发记录表 1—2,告诉现场教师要有针对性地开展教育实践,并在表格中记录下对场景中孩子的观察以及自己的思考,约定实践周期为一周。

3. 如果条件允许,教师要尽量拍下相关照片或视频,以用于下一次教研。

记录表 1—2　"赋予参与权"教育实践记录

教育实践:赋予参与权		
第一天	案例:场景/环节描述	
	对孩子行为的观察	
第二天	案例:场景/环节描述	
	对孩子行为的观察	

续　表

教育实践:赋予参与权		
第三天	案例:场景/环节描述	
	对孩子行为的观察	
第四天	案例:场景/环节描述	
	对孩子行为的观察	
第五天	案例:场景/环节描述	
	对孩子行为的观察	
教师的思考		
需要的支持(来自同事和园所管理层)		

第二次教研

材料准备

- 本书内容(第 19—20 页)
- 教师在为期一周的教育实践中拍摄的视频或照片(可提前打印)
- 教师在上一次教研时选择的任务卡(从海报上取下的便利贴)
- 胶带
- 若干空白的大张海报纸和记号笔
- 视频 1《在餐食准备环节赋予孩子参与权》
- 投影仪或大型显示器

活动流程

一、教育实践分享(30—40分钟)

1. 将现场教师分组,主持人向每组分发一张空白的海报纸。

2. 以小组为单位,教师在海报纸上粘贴自己的任务卡(上一次教研时抽取的便利贴),将自己拍摄并打印的照片粘贴在任务卡旁。教师轮流在小组内分享自己过去一周的实践,例如做了什么、对孩子的观察,可以相应介绍自己拍摄的照片(或视频),特别是分享自己的成功经验以及遇到的困扰或问题,小组共同探讨这些问题的解决办法。

3. 各小组总结组内成员关于如何在一日生活中赋予孩子参与权的建议以及需要获得的支持。将讨论结果罗列在各组的海报纸上。

二、观看专家评论并交流(15—20分钟)

1. 教师观看视频1《在餐食准备环节赋予孩子参与权》(完整播放,含专家评论)。

以下为视频中专家评论的文字:

莉泽洛特·阿纳特(Lieselotte Ahnert)教授:

　　关于参与权,我想将"群体影响力"的概念引入我们的讨论。我看到这位老师在教育层面非常巧妙地让孩子参与其中,她经常使用"我们"这个词,例如,"我们"要涂黄油。然后,她还会单独指导每个孩子。我特别喜欢的一点是,她基本上在整个行动模式中都用语言清晰地说明并陪伴孩子,我觉得她做得非常成功。这种指导行为的语言输入,能让孩子很好地接受并重复,并再次得到老师进一步的确认。这就形成了小型对话,非常符合赋予参与权的内涵。

苏珊娜·菲舍尔(Susanna Fischer):

　　这段视频非常清楚地表明,准备工作是多么重要。我们可以看到,胡萝卜已经被煮软了,所有人使用的是相同的刀具,黄油也已经软化了,整个环节组织得很紧密。所有人的注意力都集中在同一件事情上,表现出高质量的互动。整个环境是相对安静的,但孩子们是活跃的,他们都参与其中,没有随意起身,投入且专注。这再次表明,当儿童小组的年龄接近时,他们的发展水平也相近,老师就能够满足所有儿童的需求。

多萝特·古特克内希特(Dorothee Gutknecht)教授：

　　我非常喜欢这个老师的说话方式。她讲话非常清晰，语速缓慢，并且通过恰当的停顿为孩子提供了表达的机会。她的停顿技巧非常好，孩子可以在这些停顿间隙进行表达。她不断地重复黄瓜汁和黄瓜的名字，孩子接收到老师的信息并加以回应，我觉得这点非常好。对我来说，这样的互动方式非常重要，因为接下来对孩子语言发展支持是与水果、蔬菜或其他东西的抽象符号联系起来，这是一种最基础的语言促进方式，老师应继续向前推进。因此，这位老师需要始终牢记下一步，即语言促进不仅是停留在感知体验上，还要进一步发展成对符号语言的运用。孩子不仅能识别某种蔬菜，还能围绕它展开讨论，即使它不在眼前。老师在这一点上做得非常完美，我认为她的做法很出色。我想强调的是，作为专业人员，我们必须认识到，虽然感知体验是基础，但不能一直停留在这个层面，不能认为它是唯一重要的方式。尤其是对五六岁的孩子来说，下一步必须是在具体的基础上实现抽象化。这在语言发展中尤为重要，老师需要引导孩子迈向这个方向，不仅要陪伴他们经历这一过程，还要积极地帮助他们形成更抽象的语言思维方式。

2. 教师分组交流：你最赞同哪位专家的评论？为什么？

三、制定本园行动计划(20—30 分钟)

1. 基于以上各组教师的讨论和整理出的总结海报，主持人组织教师通过投票的方式，确定以下问题的回答，形成本园的行动计划(见记录表 1-3)。

记录表 1-3 "赋予参与权"本园行动计划

一日生活的哪些场景可以赋予孩子参与权？教师应如何提供支持？
为完成以上目标，同一班级的教师应如何分工和配合？
为完成以上目标，园所管理层应提供哪些具体的支持？

2. 主持人将空白海报纸展示在墙面上,将多数教师认可的回答填写在海报纸上,确保所有教师都能够清晰地看到。

四、本主题教研总结

主持人:

"赋予参与权"是日常教学工作中非常重要的一环,通过两次教研,我们深度探讨了它的概念内涵、价值意义与教育实践的要点。例如,老师在空间布置和材料投放等方面应如何让幼儿拥有更多的参与权。老师们也通过一周的实践、观察和反思,获得了初步的经验。通过自己完成的一张概念问答表、一张教育实践记录表和一张小组共同整理的汇总海报,我相信每个人都能清楚感知到自己关于"赋予参与权"这个高质量师幼互动关键点的理解是如何由浅到深、由抽象到具体的。

这两次教研,也让我们有了一个明确的观察孩子的目标。带着这个目标,老师们走近了孩子,通过对孩子的观察和互动以及自己的思考,不断了解了自己班上的孩子。而所有的教学互动行为,都是基于教师对孩子的观察和了解。

在工作过程中,我们身处不同的班级,面对不同年龄、性格和行为习惯的孩子,每个老师也都有不同的性格和偏好,这都可能造成老师在教育实践过程中使用的方法或程度有所不同。因此,对于"赋予参与权"这个关键点,老师们会对某些场景产生"争论",没法得出统一的结论。我认为,解决争论的合适方法是再次将目光放在孩子身上,基于对孩子行为持续的观察,不断地通过实践与思考进行验证,在日常教学中积累自己对"参与权"这一概念的深度理解和实践操作方法,从而更好地给予孩子回应与互动。

★ 可供使用的其他示例视频资源

视频2《在收拾玩具环节赋予孩子参与权》

2 支持体验关系

组织托幼机构的一日生活,支持孩子体验与教师和同伴的关系,积累相关经验。

场景描述

教师的工作是面向孩子的,这就要求其注重与每个孩子建立稳定的关系,通过孩子之间的互动促使他们感受不同的社会化活动形式,例如与同龄的孩子一组的同龄人活动、由孩子自己自由组织的小组活动、教师组织的分小组活动以及全班的集体活动。

集体活动的时长应有所限制,小组活动应充分遵循自愿原则,即孩子可以自主选择是否参与以及参与时长。特别是当教师计划和组织一日活动时,不论是集体形式还是小组形式,都应考虑为孩子提供多种选择,例如安静的活动(如散步、阅读、室内活动等)和活跃身体的活动(如室内运动、户外运动等)。

理论依据

孩子的早期发展依赖他们的社会关系。他们需要一个社会网络给予他们关注与尊重,支持和帮助他们学习、发展社会技能,孩子以这个网络里为其提供照顾的人为榜样,例如家里的爸爸和妈妈,或教室里的教师(Pfiffner & Walter-Laager,2017)。

对于孩子来说,社会关系是至关重要的。尤其是婴幼儿,他们需要依赖自己的照护者,并与身边的人建立依恋关系(Largo,2017)。主要照护者和次要照护者与孩子进行细致的互动,对孩子的诸多发展领域都会产生积极的影响(Walter-Laager & Meier Magistretti,2016)。此外,同龄人,即在情感和认知发展方面发展相似的孩子,在他们出生后的 6—12 个月就能成为互动的伙伴,同伴互动的重要性会随着时间的推移而提高(Viernickel,2009)。婴幼儿对他们的同龄人会表现出这些具体的互动行为,他们会互相微笑、发出声音、触摸其他婴儿、交换玩具并互相模仿。

随着孩子成长,同伴互动的复杂性日益增加。孩子从 1 岁起,在特定的情况下,就有可能一起合作做某件事,并相互解决问题(Viernickel,2009)。

从 1 岁起,孩子对开展功能性游戏和平行游戏越来越感兴趣。这些游戏形式有助于孩子认识不同的情境和材料,并通过游戏中的玩具交换和互动(例如你给我玩具,我接受你给的玩具)来体验同伴互动(Kobelt Neuhaus,2010)。

在孩子生命的头两年,语言层面的交流扮演着次要的角色。婴幼儿主要通过面部表情和手势来交流。因此,他们对身边人行为的模仿在这两年的成长过程中会变得越来越重要(Viernickel,2009;Ahnert 2015)。孩子的象征性游戏通常表现为不需要通过语言的表达就能理解对方,这也支持了孩子早期象征性互动的发展。当孩子大约 30 个月大时,他们热衷于与其他孩子一起开展集体的角色游戏(Kobelt Neuhaus，2010)。他们能在游戏过程中发展出两个相对平等的角色，或者在想象游戏中出现更加有层次的角色(Fried，2004)。

在这一背景下，班级被视为孩子成长和发展的重要资源，当孩子"处在相对稳定的班级关系时，他们之间产生了一种独立的儿童文化，即孩子决定自己游戏的进程、与伙伴协商游戏过程和游戏规则"(Viernickel，2009)。孩子在 12 个月大时就可以建立起稳定的友谊。研究结果表明，友谊的塑造和培养对婴幼儿社会能力的发展起到了重要作用(Pfiffner & Walter-Laager，2017)。

"支持体验关系"这一关键点与《评估指南》中"教师以亲切和蔼、支持性的态度和行为与幼儿互动"对应。越是面对小年龄的孩子，教师与孩子之间基于积极互动而形成的师幼关系，越是孩子成长中同伴关系、友谊和未来各种关系形成的重要基础之一。

实施建议

教师的职责是通过温和、积极的互动，与孩子建立稳定的、牢固的师幼关系，让孩子在有安全感的班级环境中自由地玩耍、探索和成长。同时，教师为孩子创造良好的条件，使得孩子之间这种美好的、自主的同伴互动得以实现(Völkl，2010)，当孩子之间发生冲突时，教师要进行适当的引导，让孩子共同解决冲突，然后重新回到同伴游戏中(Walter-Laager & Plautz，2017)。

工作坊：在班级环境中支持孩子体验关系

教研次数：本主题教研分两次举行。

教研目标

1. 学习并理解"支持体验关系"的概念。

2. 了解在自己的班级中更好地支持孩子体验关系的具体策略。

第一次教研

材料准备

- 本书内容（第 28—29 页）
- 记录表和笔（人手一支）
- 胶带
- 两张空白的大张海报纸和记号笔
- 便利贴
- 视频 3《在来园环节支持孩子体验关系》
- 投影仪或大型显示器

活动流程

一、理论学习(10—15 分钟)

主持人：(分发阅读资料和记录表 2-1)请大家阅读"支持体验关系"的理论部分，并尝试完成记录表。

记录表 2-1 "支持体验关系"概念问答

问题	回答
1. 什么是班级里的"体验关系"？	
2. 2 岁的孩子有哪些典型的游戏形式？	

续 表

问题	回答
3. 教师如何支持孩子更好地体验和建立关系?	
4. 当孩子发生冲突时,教师应如何反应?	

二、集体交流(10—15 分钟)

主持人组织现场教师集体交流对以上问题的回答,共同讨论对于"支持体验关系"这一概念的想法或疑惑。

三、观看视频和讨论(20—30 分钟)

1. 主持人播放视频 3《在来园环节支持孩子体验关系》(仅播放师幼互动现场部分)。教师在观看视频过程中,可以将自己的想法或感受补充进记录表 2 - 1。

2. 教师分组交流自己的记录或感受。

四、联系实践(15—20 分钟)

1. 每个教师取足够数量的便利贴,在上面写案例——在自己班级里,会在哪些场景与孩子产生互动;在哪些场景里,孩子之间会产生快乐或积极的同伴互动。每张便利贴上写一个案例。

2. 主持人准备两张空白的海报纸,将其张贴在墙面上,用记号笔写上海报名称。(如下图)

发生师幼互动的场景	发生同伴互动的场景

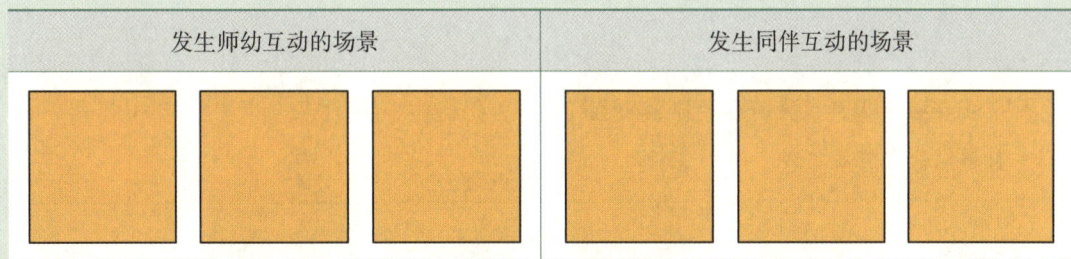

图 3 案例海报展示示意图

3. 分组交流:教师分享自己写在便利贴上的案例,然后将便利贴粘贴在对应的海报上。

五、制定下一步实践计划(5—10 分钟)

1. 主持人请同一个班级的两位教师共同选择一个场景,进一步支持孩子体验关系(师幼互动和同伴互动）。将该场景写在海报纸上，作为两位教师即将在自己班级开展的教育实践任务。

2. 如果条件允许，由同班教师在实践过程中互相为对方拍下视频，用于下一次教研。每个视频长度约 1 分钟。

3. 被拍摄的教师观看视频，在记录表 2-2 中写下自己关注到的内容。

记录表 2-2 "支持体验关系"教育实践记录

场景描述	对孩子行为的观察	对视频的思考

第二次教研

材料准备

• 本书内容（第 28—29 页）

• 教师在为期一周的教育实践中拍摄的视频

• 第一次教研展示的海报

• 若干空白的大张海报纸和记号笔

• 胶带

• 视频 3《在来园环节支持孩子体验关系》

• 投影仪或大型显示器

活动流程

一、教育实践分享（30—40 分钟）

1. 教师分组，主持人向各组分发空白的海报纸。

2. 以小组为单位，观看教师带来的视频，各自分享对视频的记录以及在教育实践中产生的疑惑或遇到的问题。

3. 组内成员共同探讨问题的解决办法,将讨论结果汇总在海报上。

二、观看专家评论并交流(15—20 分钟)

1. 教师观看视频 3《在来园环节支持孩子体验关系》(完整播放,含专家评论)。

以下为视频中的专家评论文字:

> 苏珊娜·菲舍尔(Susanna Fischer):
>
> 　　在这个视频里,老师提供了情感支持并全神贯注地陪伴孩子。当孩子在小米池玩时,她给予了安全感,让他们知道一切都好,孩子可以安心地玩耍。
>
> 雷古拉·谢勒(Regula Keller):
>
> 　　我非常喜欢这个老师迎接孩子入园的方式,并将他融入群体。她对这个孩子说,另一个孩子也在这里,劳拉也在这里。她还用了不同的手势,比如问候刚来的孩子并陪伴他。她用开放的身体姿态和张开的手臂热情地欢迎孩子。我觉得她做得非常成功。
>
> 莉泽洛特·阿纳特(Lieselotte Ahnert)教授:
>
> 　　老师非常清晰地表达了对孩子的问候,并且这是由孩子自己主导的。所以,视频展示的其实并不是建立一段新的关系,而是巩固一段已经存在的关系。在这个孩子的来园问候环节提及其他孩子,我觉得这一点很好。老师立刻对此作出了回应,这很值得肯定。当我们谈论"关系"时,应不仅仅看到教师和孩子的关系,尽管这是一种核心关系,但孩子之间的同伴关系同样至关重要。对于孩子的入园适应以及他们在园所中获得的幸福感都起着重要作用。因此,重点不仅仅是孩子与老师之间的稳固关系,而是整个班级成员之间关系的构建以及班级幸福氛围的形成。

2. 教师分组交流:你最赞同哪位专家的评论?为什么?

三、制定本园行动计划(20—30 分钟)

1. 基于以上各组教师的讨论和整理出的总结海报,主持人组织教师以投票的形式确定对以下问题的回答,共同形成本园的行动计划。

2. 主持人将空白海报纸展示在墙面上,将教师多数认可的回答填写在海报纸上,确保所有教师都能够清晰地看到。

记录表 2-3 "支持关系体验"本园行动计划

支持孩子关系体验的策略有哪些?

支持孩子关系体验,同一班级的教师应如何分工和配合?

支持孩子关系体验,园所管理层应提供哪些具体的支持?

四、本主题教研总结

主持人:

体验关系是学前阶段孩子在除家庭以外的学校和班级里,特别基础又特别重要的概念。在 0—6 岁婴幼儿班级里,老师和孩子每天都非常忙碌,既有一日流程、各环节转换、集体活动、户外活动,还有自由游戏。而所有这些一日流程得以顺利开展以及孩子带着安全感的状态自由玩耍的前提,是老师与孩子先建立稳固的关系。只有孩子与老师建立了信任关系,老师才能了解每个孩子的具体需求、喜好和发展特点。在此基础上,老师通过组织多种形式的同伴互动,支持孩子更清晰地认识自己,促进社会化发展。

正因为我们开始关注到"关系"二字,便不再把孩子视为不能自己吃饭、需要喂食的婴儿。在我们心里,每个孩子都有了更加具体的形象,他们都是独立的个体!

老师有自己的个性、偏好和行为习惯,因此,每个老师和孩子进行互动和相处的方式也是不同的。每个具体的班级都要达到支持孩子建立积极和可持续关系的目标,但同一个班级的不同老师,其具体的互动细节可能有所不同。共同点在于,我们都意识到"关系"对孩子、对我们自己的意义和价值,并尝试在最开始的时候和孩子一起努力去建构它,在师幼之间筑起一座稳固的桥梁。

★ 可供使用的其他示例视频资源

视频4《涂防晒霜时支持孩子体验关系》

3 启发性交流

在陪伴孩子游戏、生活的过程中，给予有启发性的语言引导，提供丰富的词汇示范。

场景描述

语言发展是学前阶段孩子发展的重点，尤其对 0—3 岁孩子来说，相对于说话能力，此时更是语言理解能力发展的关键期。教师在陪伴孩子游戏、生活的过程中，要用语言表达自己对孩子的观察，代替孩子用合适的语言讲出他们对事物的看法、印象或感受，成为孩子的语言榜样。教师要引导孩子与自己对话，给予孩子足够的实践机会，观察、感受和理解孩子的非语言表达，并做出回应。教师不必纠正孩子表达中的语法错误，而是用正确的语法重复一遍孩子的表达，将其补充和扩展成完整的句子。此外，教师还要使用游戏式的声音，例如不同的音量、音调和语速，以押韵或富有想象力的方式，来增添自己表达的节奏感。

理论依据

婴幼儿的语言发展其实不需要刻意地学习。就算是在婴儿时期，他们都具备发出、分析、处理语言单位的能力。他们几乎是靠自己来学习这些知识的，并将其嵌入到自己的社会化关系和有意义的生活经验中（Largo，2017）。婴幼儿习得语言的过程与他们的感官发展、大肌肉运动发展、心理发展和社会性发展过程密切相关，他们积累各种经验和了解世界的过程都可以用语言来表示。他们接收到越多刺激性的（语言）环境，语言发展就会越细化（Jampert & Jens，2010；List，2009）。特别是在婴幼儿的日常生活中，例如盥洗和换尿不湿、游戏和自由玩耍时，当他们给出语言信号时，应给予有针对性的、个别化的反应（Zumwald & Schönfelder，2015）。

已有理论研究将学前阶段班级里出现的语言交流的语境分为两种，事实性语境和互动性语境（Gasteiger-Klicpera，2010）。事实性语境[①]指的是与孩子和教师的直接行动产生的具体情况或条件密切相关的语言模式和结构（Zumwald & Schönfelder，2015）。教师和孩子的面部表情、手势、语气和节奏等，都对 0—3 岁婴幼儿最初的沟通和交流有着特别重要的意义。互动性语境[②]指的是教师通过肢体语言和不同的语气语调等与孩子展开交流的场景，教师在积极的氛围中，通过自己的肢体语言和温暖、愉快的语气语调，向孩子传达自己对他（或她）的赞赏（Remsperger，2011；Gasteiger-

---

① 事实性语境举例：当孩子玩耍时，教师在旁描述和命名玩具的名称，解释玩具的功能、特点、颜色、形状等。当孩子穿衣服时，教师向他说明穿衣服的流程等。

② 互动性语境举例：当一个孩子看到另一个孩子出现，通过微笑和快乐地挥手来表达喜悦；当孩子通过做鬼脸或哭泣等方式表达不适或需求时，教师看到后给予回应；当教师和孩子一起唱歌时，教师改变音高和旋律，以吸引孩子的注意力并鼓励他们参与，同时向孩子传递快乐的情绪。

Klicpera，2010)。在孩子生命最初的几年里，他们的语言习得特点是"被动理解"先于"主动说话"
(Haug-Schnabel & Bensel，2017)。在托育环境中，孩子通过三种形式学习词汇(Itel & Haid，2015)：

- 教师的"提供"，教师表达不同的词汇形式，例如介词、冠词、名词等。
- 教师的"阐述"，例如教师看着不同物体的实物或者图片，向孩子描述物体的属性，通过自己的面部表情、手势等进行说明。
- 教师的"强化"，即教师多次重复物体的概念，将新词汇与孩子已经知道的概念联系起来，将词汇与孩子已有的生活经验联系起来。

在《评估指南》中，第30条考查要点为"教师应尊重并回应幼儿的想法与问题，通过开放性提问、推测、讨论等方式，支持和拓展每一个幼儿的学习。"这里面提到的关键信息是教师回应幼儿的表达，并通过一系列交流策略来支持孩子的学习，以及尽可能提供个性化的支持。教师如何回应孩子，如何使用推测、讨论等策略来引导孩子交流，以及如何为语言交流还有待发展的0—3岁婴幼儿给予有针对性的支持，都是本节重点探讨的内容，下文将给出具体的实践操作方法。

实施建议

教师想要支持孩子的早期语言发展，仅仅通过提问让孩子回答，或者看书时指着图片问孩子"这是什么"等方式是不够的。有许多行之有效的策略可供教师使用，具体如下：

(1) 持续性的交流对话：教师和孩子之间较长的语言互动给孩子提供了共享思维(持续共享思维)的可能性，同时也提供了教师和孩子在语言与想法之间共同进一步发展的可能性。在孩子游戏或活动时，教师将孩子的行为通过语言表达出来，捕捉到孩子观察的东西，将它表达出来并与孩子一起讨论，引发孩子对事物的思考，提供孩子说话和表达自己想法的机会(Vogt & Zumwald，2015)。在这类语言对话过程中，教师尤其要注意的是，与孩子关注同一个焦点，以及在对话中要有意识地停顿。停顿一方面为孩子创造了思考和回答的空间，另一方面也为教师提供了时间，让他们能有意识地观察孩子释放出的信号(Gutknecht，2015a)。

(2) 描述自己和描述孩子：在这类语言对话中有两种语言发展支持策略，即"描述自己"和"描述孩子"(Lütje-Klose，2009)。"描述自己"指当教师做事时，一边做一边用语言描述自己的行为给孩子听。"描述孩子"指教师使用语言描述孩子的感受、需求或意愿，例如当教师和孩子看图画书时，常常会出现教师对孩子感受或意愿的描述(Gasteiger-Klicpera，2010)。

(3) 促进语言发展的提问：教师提出有助于孩子语言发展的问题，包括"如何"或"为什么"之类的问题(Schönfelder，2015)。

(4) 重复表达正确的语言：当孩子说出一句话或一个词后，教师重复一遍孩子的表达，但需要使用正确的语法或词汇(Zumwald & Schönfelder，2015)。

工作坊:在班级中开展启发性交流

教研次数:本主题教研分两次举行。

教研目标:明确本班乃至本园开展启发式交流的策略。

第一次教研

材料准备

- 本书内容(第 36—37 页)
- 记录表和笔
- 若干空白的大张海报纸和记号笔
- 视频 5《与孩子一起看书时的启发性交流》
- 投影仪或大型显示器

活动流程

一、理论学习(10—15 分钟)

主持人:(分发阅读材料和记录表 3-1)请大家阅读"启发性交流"的理论部分,基于自己的理解尝试完成记录表。

记录表 3-1 "启发性交流"概念问答

问题	回答
1. 什么是发生在班级里的启发性交流?	
2. 什么是事实性语境和互动性语境?	
3. 在班级环境中,孩子如何扩展自己的词汇量?	
4. 教师有哪些支持孩子启发性交流的策略?	

二、集体交流(10—15分钟)

主持人组织现场教师集体交流对以上问题的回答,共同讨论对于"启发性交流"这一概念的想法或疑惑。

三、观看视频并讨论(20—30分钟)

1. 主持人播放视频5《与孩子一起看书时的启发性交流》(仅播放师幼互动现场部分),教师在观看视频的过程中,可以将自己的想法或感受补充进记录表3-1。

2. 教师分组交流自己的记录或感受。

四、联系实践(15—20分钟)

1. 主持人向各组分发空白的海报纸。

2. 以小组为单位围绕以下两个问题进行讨论,将结果整理后记录在海报纸上。

 (1) 在你的班级中,一日生活的哪些环节可以与孩子开展启发性交流?

 (2) 面对没有语言表达能力或语表达能力有限的孩子,你会运用哪些策略与其保持长时间对话?

3. 分组讨论结束后,各组将总结海报展示在墙面上。

五、制定下一步实践计划(5—10分钟)

1. 主持人请每位教师从以上学习和讨论提到的策略中选择自己尚不熟悉的策略,作为下一步教育实践的内容,在一日生活中与自己班级的孩子展开启发性交流。

2. 如果条件允许,教师要录下一次自己与孩子开展启发性交流的音频,长度至少1分钟。

3. 教师听自己录制的音频,并在记录表3-2里记录使用策略后孩子的反应。记录表和相关音频用于下一次教研。

记录表3-2 "启发性交流"教育实践记录

场景描述	教师使用的策略	孩子的反应	教师的思考

第二次教研

材料准备

- 本书内容(第 36—37 页)
- 教师在为期一周的教育实践中录制的音频及相关记录
- 若干空白的大张海报纸和记号笔
- 视频 5《与孩子一起看书时的启发性交流》
- 投影仪或大型显示器

活动流程

一、教育实践分享(30—40 分钟)

1. 教师分组,主持人向各组分发空白的海报纸。

2. 以小组为单位,教师播放自己录制的音频,向其他成员分享自己在实践中产生的疑惑或遇到的问题。

3. 小组成员共同探讨这些问题的解决办法,将讨论结果记录在海报纸上,最后展示在墙面上。

二、观看专家评论并交流(15—20 分钟)

1. 教师观看视频 5《与孩子一起看书时的启发性交流》(完整播放,含专家评论)。

以下为视频中的专家评论文字:

多萝特·古特克内希特(Dorothee Gutknecht)教授:

在这个场景中,我们看到的是老师和一群孩子进行的对话式阅读。在我看来,她做得非常好。这种对话式阅读被认为是最有效促进儿童语言发展的策略之一。这位老师使用了许多巧妙的小策略来引导孩子进入情境。当孩子的发言比例较高时,我们认为这种对话式阅读就是成功的,这个例子便是如此。我观察到老师的肢体行为也很有趣,因为她时刻关注着周围的所有孩子,甚至时刻留意着那些站在她身后稍远处的孩子。例如,她会举高绘本,让后面的孩子更清楚地看到。她使用了陈述句,也使用了问句,她还会重复孩子的发言。她允许孩子自己翻页,由孩子决定阅读的节奏。她在语言中展现了强烈的情感投入,这也体现在她的语音语调上,这意味着她的语调,包括音调的升降、语气的平静与激昂会根据情境产生

变化,这对孩子有鼓励作用,能激发他们参与对话。在我看来,这是一次非常成功的对话式阅读。

此外,她还给予孩子充分的时间。当她解释了书中的某些内容后,停顿了一会儿,等待孩子确认,然后再次重复刚才已经说过的句子,确保这些概念被频繁提及。她给予孩子反馈,告诉他们:我注意到你对这个感兴趣,这是一种非常个性化的回应,能直接与每个孩子产生联系。她也会回顾之前提及的内容:"看,我们之前看到过这个。"这种缓慢的节奏实际上在这次对话中起到了很好的作用。这让我想起了"持续共享思维"这一策略,就是一起深思某一主题。目前有学者和实践工作者在讨论,这种策略是否适用于小年龄孩子,因为大多数关于这种策略的研究都是针对年龄稍大的孩子,通常是3—6岁。但视频中这位老师成功地运用慢节奏,促使孩子共同思考一个话题,跟随她一起思考。关键在于这位老师能够很好地控制这种慢节奏,真正地让孩子有机会参与其中。

莉泽洛特·阿纳特(Lieselotte Ahnert)教授:

我认为,我们现在的讨论涉及两种完全不同的视角。到目前为止,我们已经讨论了很多,关于如何通过互动来传递信息和促进语言发展。但是,如果从内容导向视角出发,当我们想要促进孩子语言发展时,目标是什么?是希望孩子能够主动表达——抛出一个词,重复某个词,或回应一个问题吗?在这一点上,从内容导向视角来看,我认为视频中的老师还可以多做一点。你们可能也注意到了,这位老师有时候只是简单地说:"没错。""这个确实让你很感兴趣,没错。"但从语言促进的角度来看,或许她可以说:"看,这辆消防车……""这是什么颜色呢?"或者可以让话题更加丰富。

多萝特·古特克内希特(Dorothee Gutknecht)教授:

另一方面,从语言习得的角度来看,老师提问过多容易变成一种机械式的问答,而这种形式无法适用于面对一群孩子的场景。换句话说,如果老师提问过于频繁,对话就会变得机械,知道答案的孩子会抢答,而不知道答案的则会被抛在后面。老师需要掌握平衡,让所有

孩子都能参与进来。

这种平衡可以用"三角形交流模式"来描述。但是,当老师与孩子进行语言对话时提问的频率过高,这种平衡会很容易被打破,对小年龄孩子来说,更是如此。这些策略更适用于大一点的孩子,尤其是那些有更多背景知识的孩子。对于年龄较小的孩子,则不太适用。因此,老师的确认和肯定是一个非常重要的策略,老师反复对物品命名、确认孩子的表达能让小年龄孩子的语言在原有基础上继续发展。在我看来,这也是 3 岁以下和 3 岁以上孩子在促进语言发展策略上的一个显著差异。

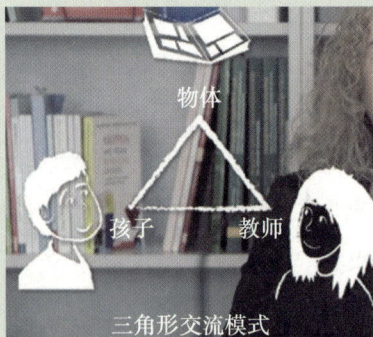

物体
孩子　教师
三角形交流模式

2. 教师分组交流:你最赞同哪位专家的评论? 为什么?

三、制定本园行动计划(20—30 分钟)

1. 基于以上各组教师的讨论和整理出的总结海报,主持人组织教师通过投票的方式,确定以下问题的回答,形成本园的行动计划。

2. 主持人将空白的海报纸展示在墙面上,将教师多数认可的回答填写在海报纸上,确保所有教师都能够清晰地看到。

记录表 3-3 "启发性交流"本园行动计划

本园教师与孩子开展启发性交流的策略:

四、本主题教研总结

主持人：

非常感谢今天所有老师的讨论，我们对如何在班级里与孩子开展启发性交流的策略有了更深入的理解。最后我想与大家分享的是，每个老师在与自己班级孩子互动的过程中，选择何种策略、使用何种方式、产生何种效果，会因为孩子的不同和当下场景的不同而产生差异。无论使用何种策略，我们的目标都是与孩子开展真正的、积极的、愉快的、有效的交流。而这只有通过老师不断地实践、思考、再实践才能形成自己的深度理解以及适用于自身的策略。

★ 可供使用的其他示例视频资源

视频 6《游戏情境中的启发性交流》

4 丰富感官经验

支持孩子开展丰富的感官探索，并在探索的过程中陪伴他们。

场景描述

世界等待着我们去理解和感受，这在幼儿早期就可以实现。孩子通过嗅觉、味觉、触觉等感受他们身边的环境，习得所需的生活经验。孩子需要无数机会来探索他们的环境，教师对此应该鼓励。除非孩子表示出需要教师在旁参与，大多时候教师只需在孩子背后提供支持，允许他们尝试事物不同的使用方法或用处。第一个重要原则是，教师要允许孩子进行感官探索，并给予他们足够的时间！孩子的感官探索需要充裕的时间。第二个重要原则是教师需要准备好与之相关的环境，使得孩子能够自发地开展对不同的材料和情境的多样化感官体验与探索。同时，教师在设计和准备室内、室外环境时，应充分考虑它们是否能更好地支持孩子进行感官探索。

理论依据

在人类生命的每个阶段，我们获得的经验是与多样化的感知和印象相关联的。在各种具体的情境中，我们获得非常个人化的感受和印象，这些经验也具有非常个人化的意义。因此，这整个过程对每个人来说都非常重要（Dietrich，Krinninger & Schubert，2012）。儿童的经验和知识源于他们在日常生活和环境中使用感官获得的感知，孩子通过感官感受、理解事物之间的联系，例如它们通常处于何种情境中，它们通常是如何形成的，以及它们可以用来做什么。孩子通过感官经验的持续积累，在自己头脑中形成对现实世界的感官秩序。这个过程从婴儿时期，在他们开始说话之前就已经开始了。这些经验在 0—3 岁婴幼儿的脑海里经历着不断积累和转化，最终发展到能理解一些象征性的事物和概念，并可以用语言将它们表达出来（Zimmer，2011）。

研究者沙费尔指出："成人如果阻止孩子感受不同的审美体验，就相当于剥夺他们理解世界的基础"（Schäfer，2011）。"审美"这个词源自希腊语"aisthesis"或"aisthanomai"，指的是感官知觉、感知、注意，也包括了认识、具有判断力（Mollenhauer，2004）。在这个语境下，审美并不是指美丽、和谐或完美，而是强调人对事物多维度的感受和塑造方式，它可能包含冲突或矛盾、不断发展和完善的情感、理性以及感官经验（Bree，2007）。

每个孩子因个体差异而有所不同，他们对环境和对自我的感知自然也各不相同（Viernickel，2004）。儿童的认知发展基于先天学习机制和环境刺激的相互作用，即他们是否拥有合适的环境，以及这个环境在多大程度上允许他们追求新的学习刺激和体验（Fried，2008）。

在当下托幼机构的发展过程中，学校和教师都在强调感官材料的丰富配置和空间设计的多样化。从这可以看出，发展心理学中基于儿童感官经验重要性的理论研究和认识已经在教育实践中得到了应用。理论研究和实践经验同时强调,孩子对空间的深度体验和对材料的丰富使用在他们成长过程中有着重要意义(Schneider & Wüstenberg,2010)。

在《评估指南》中,针对玩具材料,第 38 条考查要点强调"玩具材料种类丰富,数量充足,以低结构材料为主"。对教师的教育过程也提出了"尊重幼儿个体差异"的要求。这与本节的理论研究论述是一致的。那么,到底什么是"玩具种类丰富"和"低结构"呢?下文将针对 0—3 岁婴幼儿托育班级的材料准备提出实践层面的建议。

实践建议

在托育班级的一日生活中,教师不要阻止孩子进行感官探索,例如当年幼的孩子吃果泥或粥时,允许他用手感受或抓果泥。抓握触觉是孩子理解抽象概念以及概念间复杂关系的先导,因此教师每天都应向孩子提供各种有助于他们积累感官经验的材料,例如橡皮泥、沙子和水,以及日常生活用品,例如各种刷子、晾衣夹、不同的厨房用具(如搅拌器、筛子、各种容器等)或自然材料(如软木塞、木头、松果等)。丰富的感官经验对于孩子尤其重要,教室里提供的游戏材料应尽可能出现不同结构、不同质地、不同软硬度、不同形状和形态(固态、液态等)。

工作坊:在一日生活中丰富孩子的感官经验

教研次数:本主题教研分两次举行。

教研目标:制定出适合本班的丰富孩子感官经验的具体策略。

第一次教研

材料准备

- 本书内容(第 44—45 页)
- 记录表和笔
- 视频 7《在花园洗脚时丰富感官经验》(无字幕版和中文字幕版)
- 投影仪或大型显示器

活动流程

一、理论学习(10—15 分钟)

主持人:(分发阅读材料和记录表 4-1)请大家阅读"丰富感官经验"的理论部分,基于自己的理解尝试完成记录表。

记录表 4-1 "丰富感官经验"概念问答

问题	回答
1. 什么是学前阶段孩子的感官探索?	
2. 为什么孩子需要感官探索?	
3. 教师如何丰富孩子的感官经验?	

二、集体交流(10—15 分钟)

主持人组织现场教师集体交流对以上问题的回答,共同讨论对于"丰富感官经验"这一概念的想法或疑惑。

三、观看视频和讨论(30—40 分钟)

1. 角色游戏。

    (1) 主持人将教师分组,每组 5 人。游戏角色为 1 名教师、2 个小朋友和 2 位专家。每个教师任选一个角色。

    (2) 主持人播放无声音的视频 7《在花园洗脚时丰富感官经验》(无字幕版)。

    (3) 选择教师角色和小朋友角色的 3 位教师,尝试根据自己对画面的理解,为视频中发生的故事配音:你们觉得,视频中的老师在说什么,两个小朋友在说什么? 选择专家角色的 2 位教师发表对视频的评论。

    (4) 主持人随机选择一组教师,请他们演示对角色的配音,分享对视频的评论。

2. 主持人播放有声音的视频 7《在花园洗脚时丰富感官经验》(中文字幕版,仅播放师幼互动现场部分),教师在观看视频的过程中,可以将自己的想法或感受补充进记录表 4-1。

3. 教师分组交流自己的记录或感受。

四、制定下一步实践计划(5—10 分钟)

1. 每个教师选择自己班上的一个孩子作为观察对象,每天至少观察他(或她)一次,包括在哪个环节玩了什么感官材料、怎么玩的等,将这些观察信息填入记录表 4-2。观察时间为期一周。

记录表 4-2 "丰富感官经验"教育实践记录

观察对象名字:	年龄:	性别:	
	环节	所用材料	感官探索过程
第一天			
第二天			
第三天			

	环节	所用材料	感官探索过程
第四天			
第五天			
教师的思考			
如何更好地支持孩子感官探索?			

2. 如果条件允许,教师拍摄孩子开展感官探索的照片或视频。视频长度约 1 分钟。

3. 拍摄的照片或视频以及观察记录用于下一次教研。

第二次教研

材料准备

- 本书内容(第 44—45 页)
- 教师在为期一周的教育实践中拍摄的照片或视频
- 若干空白的大张海报纸和记号笔
- 视频 7《在花园洗脚时丰富感观经验》(中文字幕版)
- 投影仪或大型显示器

活动流程

一、教育实践分享(30—40 分钟)

1. 教师分组,主持人向每组分发空白的海报纸。

2. 以小组为单位,教师轮流在组内分享自己过去一周的实践,借助照片、视频和记录表分享自己的感受以及遇到的困扰或问题。

3. 各小组将讨论结果整理后记录在海报纸上,将海报展示在墙面上。

二、观看专家评论并交流(15—20 分钟)

1. 教师观看视频 7《在花园洗脚时丰富感观经验》(完整播放,含专家评论)。

以下为视频中的专家评论文字:

伊姆加德·科伯-穆尔格(Irmgard Kober-Murg):

在花园的场景中,老师成功地为孩子创造了精彩的感官体验,可以说,他精心设计了这段教育过程。他非常细心,在语言表达上也十分贴切,他会询问孩子的想法,征求他们的同意,同时给予其他孩子机会,让他们也能参与其中,而不是替孩子提前做出决定。真的无可挑剔,太棒了!

苏珊娜·菲舍尔(Susanna Fischer):

在幼儿园的日常教育中,花时间与孩子互动是非常重要的,这是保障教育质量的重要基石。

多萝特·古特克内希特(Dorothee Gutknecht)教授:

这也正体现在这次关于洗脚的团队合作中。老师与孩子保持着适当的距离,让孩子拥有自由自主的空间,其他孩子也能很好地融入其中。他们显然觉得这个过程很有趣,充满吸引力,所以也想为女孩洗脚或以其他方式参与进来。在我看来,他组织得非常出色,并且在行为举止上起到了良好的示范作用。比如,他温和地说"请"或"谢谢",通过这些礼貌用语展现出榜样的力量。这位老师很好地示范了成年人如何以尊重和友善的方式与孩子互动,从而帮助他们学会这种温和友善的交流方式。

2. 教师分组交流:你最赞同哪位专家的评论? 为什么?

三、制定本园行动计划(20—30 分钟)

1. 基于以上各组教师的讨论和整理出的总结海报,主持人组织教师通过投票的方式,确定以下问题的回答,形成本园的行动计划。

2. 主持人将空白的海报纸展示在墙面上，将教师多数认可的回答填写在海报纸上，确保所有教师都能够清晰地看到。

记录表 4-3 "丰富感官经验"本园行动计划

在一日生活的哪些环节和哪些场景中，教师可以支持孩子的感官探索，积累丰富的感官经验？
教师可以提供哪些多样化的感官探索材料？
教师如何布置室内、室外空间，以支持孩子的感官探索？

四、本主题教研总结

主持人：

感官经验是每个孩子需要积累的重要经验。但在实践过程中，我们很可能有意或无意地限制了孩子的感官探索。例如，孩子喜欢玩水，很享受玩水时把一切都弄湿。但有时老师不允许孩子把衣服弄湿。因此，作为教师，很重要的是，面对这样的问题，我们要去思考可以如何准备、计划和陪伴，让孩子既可以玩水，又能避免因弄湿衣服而生病。

当老师基于自己对孩子的观察，开始允许甚至支持孩子的感官探索兴趣，其实就已经向促进儿童的感官探索迈出了重要的一步！孩子的感官探索可以随时随地发生，这是孩子非常重要的学习和经验积累！

★ 可供使用的其他示例视频资源

视频 8《在吃粥时丰富感官经验》

5　建立和遵守合理的规则

与孩子共同遵守教室里的规则。

场景描述

在班级里制定规则最重要的原因是保护孩子和减少发生危险的可能性。但制定规则的初衷和结果并不会限制孩子大量大肌肉肢体活动的机会、探索欲和实验不同游戏材料及玩法的乐趣。因此，即使在婴幼儿所在的托育班级，也需要建立少量但合理的规则，教师和孩子要一起遵守。在这个过程中，教师会不断地向孩子说明规则并解释原因。在说明规则的同时，教师也会向孩子解释如何使用材料和工具。除了要严格遵守班级的规则之外，同样重要的是，当孩子出现伤心、难过、愤怒等情绪时，教师采取仪式化、有安全感的应对程序和做法；当孩子面对同伴冲突时，教师引导孩子采取协商的方式，同样仪式化地来处理孩子各自的诉求，解决他们之间的冲突。当家长送孩子入园，孩子出现情绪反应时，也可以成为教师有仪式感地引导孩子的时机。

理论依据

班级里涉及卫生标准和儿童安全的规则要由教师团队共同制定，这些规则不可违反（Debatin，2016）。同时，托育机构和各班级应确保这些重要规则以公开透明的方式及时地传达给新入园工作的教师、实习生和其他工作人员。重要的是，这些规则要适用于每个人，无论是园所里的孩子还是成人（包括家长、外部其他人员、参观交流者），并且整个教师团队必须就违反规则后的处理方法达成一致。当然，若某个成员违反了规则，也并不意味着要受到歧视或不被尊重（Höhme-Serke & Beyersdorff，2011）。

关于空间和材料如何使用的规则，或者在游戏情境中出现伙伴冲突时如何协商和处理各自诉求的规则，教师可以与班级里年龄较大的孩子一起协商并共同制定。教师可以使用符号和图标（例如红色停车标志）等孩子能理解的方法，来提醒孩子理解和遵守规则（Debatin，2016）。

对于混龄班级里非常年幼的孩子来说，让教师与他们商议制定规则，同时要求他们遵守规则，这通常很难做到。在这种情况下，教师有责任通过重复解释、榜样示范、积极行为引导等策略帮助小年龄孩子逐步理解和接受班级的规则，确保在班级中建立有序的师幼相处方式、大年龄孩子和小年龄孩子的相处方式，并营造出一种互相信任的氛围，让所有人在这个环境中都感到安全，从而发挥出他们的游戏和成长潜力（Fasseing Heim，2017）。

实践建议

教师必须时常审查班级规则，反思和讨论它们是否有助于塑造孩子高质量的一日生活，或它们是否会阻碍孩子更好地探索和发展（Fasseing Heim，2017）。例如，对于非常年幼的孩子来说，教师需要思考的是"不要玩食物"或者"不要用手吃饭,请用勺子"这样的规则是否有助于孩子的发展,是否限制了他们对感官经验的探索。

对 0—3 岁婴幼儿,教师需要特别注意,应设置尽量少的规则,以及尽量设置清晰可供理解的规则。例如,"我们要互相尊重"这样的规则对于小年龄孩子是难以理解的,如果把它放进具体的场景里,例如游戏场景中,变为"当心,别踩到他人",或许更有助于孩子理解。越是面对年幼的孩子,教师越需要提供足够的时间和耐心,引导他们练习遵守班级里的规则,在具体的情境中使用语言来表达规则,并向孩子解释为什么要遵守这条规则。

工作坊:吃苹果片时要遵守的规则

教研次数:本主题教研举行一次。

教研目标:将本园已有规则与相关理论进行对比,调整成更合理的适合本园的规则体系。

材料准备

- 本书内容(第51—52页)
- 视频9《吃苹果片时要遵守的规则》
- 投影仪或大型显示器
- 记录表和笔(人手一支)
- 若干空白的大张海报纸和记号笔
- 便利贴
- 胶带
- 每位教师至少有3张红色贴纸和3张绿色贴纸

活动流程

一、联系实践(30—40分钟)

1. 每位教师回忆自己的一日工作,在便利贴上尽可能写下所在班级的所有规则。每张便利贴上写一条规则。

2. 所有教师将自己写好的便利贴贴在空白的海报纸上,类似的规则集中在一起。将海报纸张贴在墙面上。

3. 主持人分发给每位教师3张红色贴纸和3张绿色贴纸。每位教师将红色贴纸贴在觉得应该废除的规则后面,将绿色贴纸贴在觉得很重要应该要保留的规则后面。

4. 教师讨论海报纸上呈现出来的投票结果。

二、理论学习(10—15分钟)

主持人:(分发阅读材料和记录表5-1)请大家阅读"建立和遵守合理的规则"的理论部分,基于自己的理解尝试完成记录表。

记录表 5-1 "建立和遵守合理的规则"概念问答

问题	回答
1. 在学前阶段的班级里,为什么需要建立规则?	
2. 需要建立哪些规则?	
3. 教师如何引导孩子遵守规则?	

三、观看带专家评论的视频并交流(15—20 分钟)

1. 主持人播放视频 9《吃苹果片时要遵守的规则》(完整播放,含专家评论)。教师可以在观看视频的过程中,将自己的想法或感受补充进记录表 5-1。

以下为视频中的专家评论文字:

莉泽洛特·阿纳特(Lieselotte Ahnert)教授:

我们在师幼互动中经常能看到类似的事情,称为"抑制控制①"。即儿童基于自身的气质和情绪,学习根据一定规则来调整自己的行为。比如,当我们对着孩子说"停",即使他想咬一口苹果片,还想咬下一块,他会尝试根据规则来调整自己的行为。同样的原则也适用于情绪控制。因此,在托育班级集中照料婴幼儿时,教师制定清晰的规则是至关重要的,这些规则不应过于复杂,也不要设定带有条件的规则。比如"在太阳出来且不下雨时我们才能出去玩",从发展心理学的角度来看,这样的规则是完全不可取的。

① 抑制控制是指个体通过控制自己的注意、行为、想法或情绪来抵制内在反应倾向或外在诱惑的心理过程,它是执行功能的重要组成部分。简单来说,就是控制自己不去做的能力。

苏珊娜·菲舍尔（Susanna Fischer）：

　　关于让孩子学习界限和规则，我认为最重要的是让规则尽可能简单，这样可以避免产生误解。例如，在婴幼儿班级里，可以设定一条规则：要么坐在桌旁吃东西，要么去玩耍。因为嘴里含着食物在房间里四处跑动是很危险的，"坐在桌旁吃东西"对我来说是一条基本规则，我会以身作则。当然，孩子们也可以在户外的草地上或其他地方，坐着吃东西，但吃东西和玩耍不应该同时进行。因此，教室里就不会出现孩子拿着苹果跑去玩汽车的现象。

伊姆加德·科伯-穆尔格（Irmgard Kober-Murg）：

　　我会把放苹果的地方设置在房间的另一个角落，这样可以避免孩子把游戏和用餐混在一起，孩子可以站着，拿一块苹果吃，吃完后再去玩耍。如果游戏和用餐的位置太近，孩子们很容易在用餐时想去玩耍。此时，教师就会承受很大的压力。

2. 教师分组交流自己的记录或感受。

四、制定本园行动计划（20—30 分钟）

1. 主持人用记号笔圈出墙面海报上得到最多红贴纸的 5 条规则和得到最多绿贴纸的 5 条规则。

2. 所有教师讨论：这些规则中，哪些规则应该被删除，哪些规则应该被保留。

3. 所有教师通过投票的方式确定本园最重要的规则有哪些，然后将其记录在记录表 5-2 中，最后将表格打印出来，粘贴在园所和教室显眼的地方。确保园所里所有人员（包括实习生、助理等）都知晓这几条规则。

记录表 5-2　"建立和遵守合理的规则"本园行动计划

本园最重要的规则：

五、本主题教研总结

主持人：

今天我们聚在一起充分地讨论了托育班级里如何建立合理的规则，老师如何引导 0—3 岁婴幼儿遵守教室的规则。很多老师面对 3—6 岁孩子都有非常丰富的经验，但当我们面对 0—3 岁婴幼儿，尤其是还不能使用语言充分表达自己的婴幼儿，我们会担忧他们不能理解规则或遵守规则。其实，即使面对 1 岁的小宝宝，老师需要做的就是基于对孩子的观察，通过本次工作坊示范的做法，引导婴幼儿遵守最重要的规则。当老师用榜样示范的方式引导他们理解和遵守规则，使用语言告知他们将会发生什么，清楚解释原因，再向他们示范，给予他们时间去理解、练习，他们就能做到！

6 身心在场

在与孩子相处的时间里,身体和情感都保持在场状态。当孩子需要时,给予他们合适的回应、陪伴、尊重与认可。

场景描述

"身心在场"指的是教师通过师幼互动向孩子传达一种"我一直在你身边"的态度和状态。当孩子玩时,教师待在孩子附近,展现出亲切的身体姿态,用积极的眼神给予关注,向孩子传达"我已经准备好,当你需要时,我随时可以与你交流,陪伴你做游戏"的信息,并在与孩子互动时表达真诚和友好的态度。在此过程中,教师的语言表达和肢体表达应是一致的,不会出现矛盾之处。正因为有安全感和稳定关系的支持,孩子才能自由地探索周围的环境,获得新经验。

理论依据

在早期教育工作中,教师与婴幼儿建立和塑造稳定的关系是婴幼儿养育和教育工作的核心,也是教师展现出的专业教育行为(Röhrig,2015)。

教师是否能展现专业的教育行为,其前提条件是教师本身是否对婴幼儿教育和照护工作持有积极的态度。除此以外,托幼机构的整个团队还必须共同思考和支持机构里多元化的家庭形式以及个性化的家庭需求。这意味着机构的日常运作应该设计得甚至让每位员工都乐意将自己的孩子带来托幼机构玩耍。同时,教师本身也要觉得,在托幼机构内玩耍对所有孩子来说都将是一件有趣和令人期待的事情(Gutknecht,Kramer & Daldrop,2017)。

为了让婴幼儿能在托幼机构中获得很好的养育、教育,实现积极的发展,除了以上已经提到的方面之外,他们还需要与托幼机构的教师、其他孩子产生细致且积极的互动,与其他孩子建立积极的社会接触(Haug-Schnabel & Bensel,2010)。在此基础上,教师才能够积极地投入观察,及时地接收、理解和解释孩子的语言及非语言表达。这不是一件轻松的事情,它需要教师通过自己明确的、随时可以为孩子提供他们需要的支持的态度以及一直积极地投入观察来实现。

在以上与婴幼儿师幼关系有关的各种描述中都提到,在托幼机构中,教师是孩子的安全港湾,在教师提供的安全感中,孩子积累着自己的生活经验。这种有安全感的师幼关系还能够支持0—3岁婴幼儿平衡自己的情绪,并使他们在经历过有压力的事情或感受有压力的场景后,重新专注于探索环境(Ahnert & Spangler,2014)。当婴幼儿知道自己有信任感的教师随时在旁并能支持自己时,他们更容易适应新的情境或挑战(Dietrich,2013)。

对于0—3岁婴幼儿,依恋和探索是紧密相关的两个概念。在托育环境中,教师被赋予了支持孩子积极探索环境的角色。一方面,他们给予孩子安全感,让孩子带着安全感敢于探索和尝试;

另一方面，当孩子遇到有困难的事情时，因为有信任的教师在一旁，孩子会明显减少退缩行为（Ahnert & Spangler，2014）。

实践建议

在依恋关系和婴幼儿发展心理学的理论背景下，教师在与孩子相处的工作时间中，当然应该保持自己与孩子的亲近和尊重。尊重包括对孩子的关怀，即"充满爱和情感的温暖的交流"（Ahnert，2007），以及对孩子活动和游戏的关注与兴趣。关注和兴趣体现在教师的肢体语言和面部表情中，教师积极地倾听孩子，认真地对待和关注孩子与他们面对的问题（Wadepohl，2017）。例如，教师积极关注着孩子的需求，在需要的情况下投入和参与到孩子的游戏中。当然，这会导致发生教师被孩子的状态直接影响的情况，例如当教师正在做某件准备工作或整理收拾时，因为孩子的需求而直接停止自己当下的某件工作，转而投入孩子的活动中。

工作坊：身心在场，为孩子提供安全感

教研次数：本主题教研举行一次。

教研目标：教师理解"身心在场"的概念，并将其应用在实践工作中。

材料准备

- 本书内容（第57—58页）
- 记录表和笔（人手一支）
- 视频10《为孩子提供安全感》
- 投影仪或大型显示器

活动流程

一、理论学习（10—15分钟）

主持人：（分发阅读材料和记录表6-1）请大家阅读"身心在场"的理论部分，基于自己的理解尝试完成记录表。

记录表6-1　"身心在场"概念问答

问题	回答
1. 什么是教师"身心在场"？	
2. 教师与孩子建立稳定关系的前提条件有哪些？	
3. 如何理解"教师为孩子提供安全感，以支持孩子成长"？	
4. 教师如何展现自己对孩子的尊重？	

二、集体交流(10—15 分钟)

主持人组织现场教师集体交流对以上问题的回答,共同讨论关于"身心在场"这一概念的想法或疑惑。

三、观看视频和讨论(30—40 分钟)

1. 主持人播放视频 10《为孩子提供安全感》(仅播放师幼互动现场部分),教师在观看视频的过程中,可以将自己的想法或感受补充进记录表 6-1。

2. 角色游戏。

   (1) 将教师分组,每组 3 人。

   (2) 请所有教师在脑海里想象这一场景:一位家长观察到视频中的情况并向你投诉,说你的同事只是坐在地板上,似乎什么都没做。

   (3) 各组讨论:你将如何向家长解释,视频中的同事实际上做了什么。

四、观看专家评论并交流(15—20 分钟)

1. 教师观看视频 10《为孩子提供安全感》(完整播放,含专家评论)。

以下为视频中的专家评论文字:

玛格丽特·汉格布勒-拉贝尔(Margrit Hungerbühler-Räber):

　　如今,人们意识到与孩子交谈时视线齐平的重要性。如何与坐在地板上的孩子的视线处于同一高度,对于成人来说,需要创造力。那么,教师可以做些什么呢?她可以考虑:是否有小凳子可以坐,是否有稍微高一点的垫子,地上是否有地毯,可以趴在上面。也就是说,教师需要灵活应对此项挑战。

苏珊娜·菲舍尔(Susanna Fischer):

　　在这段视频中,老师和孩子们都坐在地板上,彼此互动。安全感是孩子感到舒适,并愿意投入游戏的重要基础。他们不必害怕,因为老师为他们提供了安全港湾,让他们感到安心和安全,孩子因此能够专注于自己的游戏,获得新的经验,并带着兴趣继续探索和玩耍,无须担心失去安全感。在这个视频中这一点表现得尤为明显。老师一直陪伴着孩子们,始终参与游戏。大家聚在一起,没有人跑开。孩子们也无须担心被单独留下,他们可以将全部精力和注意力集中在自己的

游戏上,沉浸其中,全神贯注地探索和玩耍。

2. 教师分组交流:你最赞同哪位专家的评论? 为什么?

五、制定下一步实践计划(5 分钟)

1. 教师在接下来的教育实践中重点关注"身心在场",并使用记录表 6-2 进行反思。

记录表 6-2　"身心在场"教育实践记录

提问	反思
1. 在什么情况下,你为孩子提供了他们需要的安全感?	
2. 在什么情况下,你没能为孩子提供他们需要的安全感? 请分析可能的原因。	
3. 你在什么时候,以什么形式,对孩子展现了尊重和赞赏? 请描述至少 3 个例子。	
4. 你在什么时候,以什么形式,与哪些孩子实现了充满爱意和温暖的交流?	

六、本主题教研总结

主持人:

在本次工作坊中,我们谈论了老师如何为孩子提供安全感。请老师们在脑海里回忆刚才视频里与两个孩子互动的那位老师,她投入地观察孩子的游戏和活动,感受孩子在做什么。当那个小宝宝自己从椅子上爬下来时,老师发出了快乐、爽朗的笑声,她和孩子在共同感受着刚才的快乐。老师这些积极投入的行为反应,会让孩子知道,老师在关注着他。孩子对老师的信任感就是在这样微小的每日互动中加强的。

因此,老师必须认识到与孩子建立关系的重要性,并始终意识到正是自己为孩子们提供了安全感,自己对孩子的积极成长有着至关重要的意义。当你与孩子交流互动时,给予他们温暖、尊重、有同理心的反应,不论是语言的还是非语言的,他们都能明确地感受到!

★ 可供使用的其他示例视频资源

视频 11《陪伴孩子爬梯子》
视频 12《陪伴孩子玩轮胎》

7 解读信号

积极地观察孩子,致力于将孩子的行为和反应放在当下的具体情境中加以理解,并做出适当的回应。

场景描述

"解读信号"指的是教师在具体的情境中识别、理解孩子的非语言和语言信号。这些信号可能是孩子在表达自己在环境或游戏中的各种需求、情绪,兴趣或反应,教师要对此做出细致的回应,即为孩子提供具有支持性和富有同理心的回应和照料。同时,教师要给予孩子足够的时间来对自己的回应做出反应,以建立双向互动。教师做出的这些教育行为应基于对孩子需求和兴趣的认识,也基于经过深思熟虑的观察和记录。

理论依据

在教师为孩子提供温暖、有爱的安全感的基础上(参见上一节"身心在场"),还需要教师对自己的直觉和教育行为进行反思性实践。这意味着,教育工作者首先必须具备对0—3岁婴幼儿这一特定群体的扎实专业知识,这是教师设计和反思与孩子互动过程的基础;其次,尚不能够说话的婴幼儿尤其需要教师能够有意识地观察、感受并正确地解读他们非语言的肢体和情感表达,并做出相应的回应。这种回应方式可以是非语言的,如鼓励性的眼神、舒适的身体接触等,也可以是语言的,如平静、清晰的话语(Gutknecht,2015a)。

在婴儿出生的最初几个月,他们能活动的范围相当有限。此时成人对于孩子表达出来的信号,如咿咿呀呀地发音、微笑、烦躁的苦恼或哭泣,做出恰当的回应是非常困难的,因为这个年龄的婴儿提供的信号比较笼统,并不精确(Ahnert & Gappa,2008)。对1—2岁的婴幼儿来说,他们的哭声可能包含了多种不同的需求或情绪。成人要去辨别这种信号中的细微差异,并做出对应的回应,这是一个巨大的挑战,需要丰富的知识和技能(Gutknecht,2015a)。教师此时能够提供的细腻回应首先表现在识别和理解婴幼儿释放出来的信号,并及时且敏感地做出反应(Gutknecht,Höhn & Daldrop,2017)。婴幼儿会向成人表达某一事物或需求对自己当下的重要性,例如他们会寻求教师的关注,接着不断看向或用手指着或尝试拿某物品,以表示自己需要它。或者当婴幼儿觉得没有安全感时,他们会寻找教师的眼神关注,想要获得教师的身体接触,再通过教师的回应重新获得安全感。从孩子的面部表情、手势和身体姿势,我们也可以看出他们对某项活动的兴趣程度(Remsperger,2011)。婴幼儿专注于一个游戏并且对活动本身表现出无条件的关注,这就是明显的迹象。高度投入和专注力是孩子对某事物感兴趣的重要指标(Remsperger,2011)。

实践建议

教师应该与孩子开展语言和非语言层面上的互动。在班级一日生活中,教师等待着孩子释放信号,并以最快的速度回应他们的信号。婴幼儿会通过哭泣或拒绝当下的活动来向成人表明他累了,感到疲倦。教师理解了孩子的信号后,便可以为孩子提供休息的机会,为孩子创造一个可供休息的地方。例如,在卧室或教室的某处安静角落,让孩子躺在小毯子上,或坐在沙发上,抱着毛绒玩具,安静地待一会儿;再或者,让孩子坐在教师怀里休息一会儿,感受被教师拥抱的温暖。如果孩子通过手势和面部表情表示,他想要寻求与教师的眼神或身体接触,教师也应积极地做出反应,例如教师用完整的句子来表达自己对孩子需求的理解,再说明自己接下来要做什么,并根据孩子的语言发展现状来使用相应的可供理解的语言词汇或表达方式。

在教育实践中,一方面需要教师有解读孩子信号的能力,另一方面也需要教师具有基于自己深入的专业知识对信号做出合适回应的能力。教师能否做出合适的反应,也取决于他们能否灵活地规划或调整当天的一日流程或已定的活动计划。

工作坊:在一日生活中解读孩子的信号

教研次数:本主题教研分两次举行。

教研目标:理解解读孩子信号的意义,能正确地解读绝大部分孩子的信号。

第一次教研

材料准备

- 本书内容(第63—64页)
- 记录表和笔(人手一支)
- 便利贴
- 视频13《解读孩子的信号》
- 投影仪或大型显示器

活动流程

一、理论学习(10—15分钟)

主持人:(分发阅读材料和记录表7-1)请大家阅读"解读信号"的理论部分,基于自己的理解尝试完成记录表。

记录表7-1　"解读信号"概念问答

问题	回答
1. 为什么"解读信号"很重要?	
2. 为了正确解读孩子的信号,教师需要具备哪些基础能力?	
3. 教师要如何正确地回应孩子的信号?	

二、集体交流(10—15 分钟)

主持人组织现场教师集体交流对以上问题的回答,共同讨论关于"解读孩子的信号"这一概念的想法或疑惑。

三、观看视频和讨论(20—30 分钟)

1. 主持人播放视频 13《解读孩子的信号》(仅播放师幼互动现场部分),教师在观看视频的过程中,思考并填写记录表 7-2。

记录表 7-2 视频《解读孩子的信号》反思记录

你在汉娜(视频中开始学走路的婴儿)身上观察到了哪些行为和情绪?	
你如何理解汉娜表现出的每个行为和情绪?	
老师对以上提到的行为和情绪可以做出哪些反应?(尽可能收集所有想到的做法)	
请列出好的应对策略,说明原因	请列出不合理的做法,说明原因

四、联系实践(15—20 分钟)

1. 游戏:你画我猜。

   (1) 每位教师取一张便利贴,在上面写下一种情绪,用一句话简单描述该情绪在自己班级曾经出现的案例。例如:生气——豆豆把乐乐喜欢的卡车抢走了,乐乐很生气。

   (2) 主持人将所有便利贴收集起来,打乱顺序。每位教师抽取一张便利贴,不要让别人看到便利贴上的内容。

   (3) 教师分组,每组不超过 4 人。组内教师轮流表演,在不使用语言仅用面部表情和动作的情况下,表演自己抽取的便利贴上的内容,小组其他成员猜测。其他成员可以用语言提问,例如"我猜得对吗?""你是指生气吗?"表演的教师只能用"是"或"不是"回答,直到其他成员猜对。

2. 组内集体交流:自己班上是否有难以理解信号的孩子,并描述具体情况。小组成员共同探讨如何理解孩子发出的信号以及教师该如何合理地回应。

五、制定下一步实践计划(5—10 分钟)

1. 每位教师选择自己班上一名平时发出的信号难以理解或者比较安静、很少表达自己的孩子,对他(或她)开展为期一周的观察,每天在记录表中写下一件自己与其互动并印象深刻的事。

记录表 7-3　"解读信号"教育实践记录

孩子姓名:	性别:		年龄:	
	孩子释放的信号	你的理解	你的回应	孩子的反应
第一天				
第二天				
第三天				
第四天				
第五天				

2. 记录表 7-3 要用于下一次教研。

第二次教研

材料准备

• 本书内容(第 63—64 页)
• 教师对某个孩子的观察记录
• 记录表和笔(人手一支)

- 视频 14《解读孩子的信号》
- 投影仪或大型显示器

活动流程

一、教育实践分享(40—50 分钟)

1. 教师分组，每组不超过 4 人。组内交流各自带来的记录，分享在观察中产生的疑惑或遇到的问题。

2. 小组成员共同探讨这些问题的解决办法。

二、观看专家评论并交流(15—20 分钟)

1. 教师观看视频 13《解读孩子的信号》(完整播放，含专家评论)。

以下为视频中的专家评论文字

雷古拉·谢勒(Regula Keller)：

> 我非常喜欢视频中的这一幕：大一点的女孩得到了老师的鼓励。因为她提供了帮助，让小婴儿学会走路，她做出了自己的贡献。我还很喜欢的是，老师为此感到高兴，并且真实地表达了自己喜悦的情绪。例如，她愉悦地说："哇哦，看，她现在学会了走路，在你的帮助下。"这个场景真是太美好了。

2. 教师分组交流：你是否赞同该专家的评论？为什么？

三、本主题教研总结

主持人：

> 在一日生活中，面对个别孩子的行为或某些特殊场景中孩子的反应，我们有时会困惑：孩子们这么做是什么意思？我应该如何回应？这时，我们就可以基于本节内容，通过不断地观察，学习如何更好地解读孩子的信号，然后不断尝试给予孩子更好的回应，接着继续观察孩子的反应，这样我们会越来越能够正确地解读孩子的信号。

★ 可供使用的其他示例视频资源

视频 14《对孩子疲劳信号的个性化回应》

8 给予启引

积极观察孩子的游戏,给予启发或引导,以帮助孩子扩展自己的游戏过程。

场景描述

"给予启引"指的是教师积极地支持和扩展孩子游戏过程的能力。当教师在教室里陪伴孩子游戏,或参与孩子的游戏和他们一起玩时,教师要先观察,然后根据孩子的活动或行为,给予相应的激励性引导,从而扩展孩子的游戏过程或提升游戏兴趣。特别是当孩子邀请教师加入游戏时(例如,幼儿递给教师一个玩具或向其伸出手),或者当孩子长时间反复玩某种游戏时,教师可以参与到孩子的游戏中。教师可以根据现有的游戏情境,通过提出自己的想法来引发孩子思考,例如建议引入新的材料,或猜测某种尝试会引发什么,或提出挑战,以回应孩子在游戏中自言自语的表达和具体的游戏行为。另外,教师还可以通过自己玩某种游戏给予孩子激励,让前来与自己互动、对自己玩的游戏感兴趣的孩子融入游戏中。教师在游戏过程中给予孩子启引,目的是为孩子提供多样化的经验,支持他们每个人的个性化成长。

教师要尊重孩子的游戏过程,不打断或干扰孩子的活动,也不强迫孩子参与自己的游戏或实施自己的想法。教师选择哪种启引方式,例如新材料、新想法或主题等,应基于自己对孩子的观察,并判断该启引方式是否具有促进孩子进一步发展的可能性。

理论依据

在托幼机构中,教师解读孩子信号的能力(参见上一节"解读信号")是给予孩子合适启引的基础。由于人类的感知是有个人选择偏向性的(Walter-Laager,Pfiffner,Bruns & Schwarz,2014;Daum,2010),因此教师需要通过仔细的观察来解读孩子的信号,并始终在给予启引的行动中,一边尝试一边调整。教师给予启引的尝试包括,与孩子一起创造性地扩展他们的想法,通过引入额外的材料加强孩子的兴趣,或者通过新的想法丰富孩子的目标(例如在建构游戏中提出新的建构想法),从而让孩子应对新的挑战,通过尝试和积累经验,进入自己的下一个关键发展期(Becker-Stoll,Niesel & Wertfein,2015)。

在一日生活中,教师所设计和组织的活动,应该以启引所有孩子的进一步发展和能力提升为目标,并且在这个过程中要始终针对每个具体的孩子提供个性化的支持。教师给予启引应该以一种让孩子感受到自身能力和技能的方式进行。因此,孩子需要得到教师的信任。在具体的教育实践中,这意味着教师要支持孩子的独立性和自主性,让他们尝试那些对他们来说可能起初有困难的事情。教师的角色定位应该是孩子发展成长过程中的陪伴者。

教师以发展心理学的专业知识以及自己对孩子游戏和行为观察的理解为基础,为孩子提供合适的空间、互动和材料方面的启引。换句话说,教师在这一过程中其实是在进行研究工作。在给予孩子启引前,他们已经在心里提出了问题——孩子在游戏或活动中会发生什么变化以及如何发生变化,教师又要如何给予适当的反应,无论是人际互动和关系层面的反应,还是物质层面关于材料或空间方面的反应(Viernickel & Völkl,2013)。

在教育部颁布的《幼儿园保育教育质量评估指南》中,同样向教师提出了给予孩子启引的工作要求,具体如下:

- 第 27 条:认真观察幼儿在各类活动中的行为表现并做必要记录,根据一段时间的持续观察,对幼儿的发展情况和需要做出客观全面的分析,提供有针对性的支持。不急于介入或干扰幼儿的活动。
- 第 29 条:善于发现各种偶发的教育契机,能抓住活动中幼儿感兴趣或有意义的问题和情境,能识别幼儿以新的方式主动学习,及时给予有效支持。
- 第 30 条:尊重并回应幼儿的想法与问题,通过开放性提问、推测、讨论等方式,支持和拓展每一个幼儿的学习。
- 第 31 条:理解幼儿在健康、语言、社会、科学、艺术等各领域的学习方式,尊重幼儿发展的个体差异,发现每个幼儿的优势和长处,促进幼儿在原有水平上的发展。不片面追求某一领域、某一方面的学习和发展。

实践建议

教师可以向孩子提出具体且开放的问题,以此作为孩子游戏过程中的启引,例如"当我用羽毛在你的手臂上轻轻划过时,你的感觉是什么?"或者使用语言表述自己的行为和感受,例如"哇,这个苹果很新鲜,咬起来很脆,吃起来又多汁又甜。你想尝一小块吗?"在这个过程中,孩子可以自由选择,要么回答教师提出的问题,要么接受启引,尝试不同的做法。教师观察孩子的反应,也可能发现有孩子不愿意,那么教师可以继续表达自己的想法、猜测或感受,将其用语言表达出来,例如"我觉得你现在可能不想尝试。"

工作坊:通过提供游戏材料给予孩子启引

教研次数:本主题教研分两次举行。

教研目标:了解给予孩子合适启引的具体策略,尝试在工作中运用这些策略。

第一次教研

材料准备

- 本书内容(第 69—70 页)
- 记录表和笔(人手一支)
- 视频 15《通过提供游戏材料给予孩子启引》
- 投影仪或大型显示器

活动流程

一、理论学习(10—15 分钟)

主持人:(分发阅读材料和记录表 8-1)请大家阅读"给予启引"的理论部分,基于自己的理解尝试完成记录表。

记录表 8-1 "给予启引"概念问答

问题	回答(使用关键词即可)
1. 教师可以给予孩子哪些与发展有关的启引?	
2. 请列举一些虚构或真实的成功例子,说明教师如何避免直接给予答案或操作引导,同时给予孩子合适的启引?	

二、集体交流(10—15 分钟)

主持人组织现场教师集体交流对以上问题的回答,共同讨论关于"给予启引"这一概念的想法或疑惑。

三、观看视频和讨论(20—30 分钟)

1. 主持人播放视频 15《通过提供游戏材料给予孩子启引》(仅播放师幼互动现场部分),教师在观看视频的过程中,可以将自己的想法或感受补充进记录表 8-1。
2. 教师分组交流自己的记录或感受。

四、联系实践(15—20 分钟)

1. 主持人分发记录表 8-2。教师再次观看视频并思考:以下 10 种 0—3 岁婴幼儿常见的游戏行为,从视频中观察到了哪些,在记录表上打钩。
2. 教师分组交流:在视频呈现的游戏行为中,孩子做了什么? 教师给予的启引是什么?

记录表 8-2　视频观看记录:10 种 0—3 岁婴幼儿常见的游戏行为

10 种 0—3 岁婴幼儿常见的游戏行为	描述孩子行为	教师给予的启引
1. 把物品藏起来或遮盖起来		
2. 探索物品的掉落		
3. 探索物品的声音		
4. 探索物品的内部		
5. 搬运物品		
6. 连接物品		

10种0—3岁婴幼儿常见的游戏行为	描述孩子行为	教师给予的启引
7. 按照某种规则整理物品		
8. 尝试转换视角		
9. 划分区域,创建场所		
10. 探索"平衡"		

游戏概念举例(Bostelmann,2013):

(1) 探索物品的内部:例如在东西上钻孔,从而发现孔后面有东西,并能通过孔看到这些东西;或者打开盒子的盖子看到盒子里面的内容;拆开图画书,发现里面什么也没有,等等。

(2) 尝试转换视角:孩子可以通过角色扮演游戏来体验不同的角色和观点。

(3) 划分区域,创建场所:孩子可以在游戏中体验如何围起区域和创建场所。例如,用积木为动物玩具搭建一座房子,或者用布和椅子为自己搭建一个帐篷。

五、制定下一步实践计划(5—10分钟)

1. 教师在自己班级新投放至少3种低结构游戏材料,例如卷纸芯、洗干净的饮料瓶、木质冰棒棍、大的纽扣、各种罐子和对应的盖子以及木质小积木等。每种低结构材料的数量要满足班级孩子自由玩耍的游戏需求。

2. 教师选择3种自己不太熟悉的孩子游戏行为作为观察内容。在为期一周的时间里,教师要观察孩子是否出现了自己选择的3种游戏行为,如果孩子们没有表现出这些行为,教师可以用示范的方式进行游戏,但不提供任何指示,并观察孩子们的反应。针对每种游戏行为记录一个案例。

记录表 8-3 "给予启引"教育实践记录

游戏行为名称	描述孩子行为	教师给予的启引
游戏行为 1:		
游戏行为 2:		
游戏行为 3:		

3. 如果条件允许,尽量拍下相关照片或视频,用于下一次教研。

第二次教研

材料准备

- 本书内容(第 69—70 页)
- 教师在教育实践中拍摄的照片或视频以及完成的记录表
- 记录表和笔(人手一支)
- 视频 15《通过提供游戏材料给予孩子启引》
- 投影仪或大型显示器

活动流程

一、教育实践分享(30—40 分钟)

1. 将教师分组,组内分享各自拍摄的照片或视频以及记录表。讨论各自给予的启引是否合适,分享各自在实践中产生的疑惑或遇到的问题。
2. 小组成员共同探讨这些问题的解决办法。

二、观看专家评论并交流(15—20 分钟)

1. 教师观看视频 15《通过提供游戏材料给予孩子启引》(完整播放,含专家评论)。

以下为视频中的专家评论文字:

苏珊娜·菲舍尔（Susanna Fischer）：

在这段视频中，我们可以清楚地看到，老师为孩子们提供了新的游戏材料，这是给予低龄儿童学习启引的一种很好的方式。可以明显地看到，孩子们对这些材料充满了兴趣，他们自由地尝试、探索，并观察着这些材料可以玩的方式，他们得到了充足的时间进行探索。这些游戏材料是多样化的，适用于一到两岁的孩子，它们设计得很好，孩子们能够依据自己精细动作的发展水平选择不同的材料进行探索。

从我能辨识出的游戏材料来看，其设计目的是支持孩子填充容器，这是一项探索空间的基础性游戏活动。当孩子通过自己的粗大动作来探索空间时，他们会对填充和清空容器的活动产生浓厚兴趣，这段视频非常直观地展示了孩子们如何利用新材料来填充容器。在视频中，我们看到一个小女孩专注地玩着，她不停地填充和清空容器，这个游戏已经持续了好一段时间，但她仍然保持着浓厚的兴趣，并且全神贯注地投入其中。她对填充容器的探索和疑问似乎还没有完全得到解答，这与她获得的材料的多样性有关，尤其是不同的材料导致不同的难度级别影响着物品如何被放入不同的容器。

从视频中，我们可以看到一些纸盒，上面有很小的孔洞，这比一个开口较大的罐子更具挑战性。孩子可能会花费更长的时间，因为有各种不同的玩法需要他们去尝试。一个狭窄的缝隙，一个很小且不太容易被孩子看到的孔洞，以及一个需要准确塞入洞口的小筛子，这些材料具有丰富的多样性。当然，我需要强调，这些并不是孩子可以自由获取的游戏材料，这类材料应当在一对一互动的情况下，或者至少在有成人认真观察和陪伴的情况下，才能提供给孩子。在这种情况下，提供这些具有挑战性的游戏材料才有价值，能够让孩子在这种情境下进行有针对性的探索和尝试。同时，孩子的安全也得到了保障。

此外，班级里如果有小孩子难以集中注意力，我建议给予他们更多身体上的支撑。也就是说，要确保孩子能够获得良好的身体稳定性。精细运动的发展依赖于身体的稳定，孩子们需要坐得舒适，保持身体的稳定，不受到其他孩子的干扰，比如被推挤或被打断。对于注意力不易集中的孩子，如果老师给予他们良好的身体支撑，往往能延长他们专注于活动的时间。有时，老师可以帮助他们固定住容器，让他们能够持续探索。这也有助于屏蔽来自周围的干扰，让孩子更加专注于自己的精细动作。

2. 教师分组交流：你是否赞同该专家的评论？为什么？

三、制定本园行动计划（20—30 分钟）

1. 基于以上各组教师的讨论，主持人组织教师通过投票的方式，确定以下问题的回答，形成本园的行动计划。

记录表 8-4 "给予启引"本园行动计划

本园教师给予孩子启引的策略：

2. 教师连续四周观察孩子的游戏行为，记录自己给予孩子的启引，并拍摄相关照片。然后将其打印和塑封成易于孩子观看的尺寸，展示在教室里，注意其高度应与孩子的视线齐平。孩子可以与教师或家长反复观看和讨论照片上的经历。

四、本主题教研总结

主持人：

观察，永远是我们了解孩子的最佳工具。通过持续的引导、观察和记录孩子的反应，老师可以建立起信心，为孩子们提供适当的学习和发展启引。重要的是，老师在引导时要保持尊重的身体姿态、温和的语言以及专注的目光，并且根据孩子的反应作出回应。在这种反复的交流中，老师要注意给予孩子时间去思考，也给予自己足够的与孩子互动的时间。这种做法能够增强孩子对老师的信任，也能促进老师与孩子之间良好的互动。

★ 可供使用的其他示例视频资源

视频 16《陪伴孩子探索罐子》
视频 17《在小年龄孩子游戏时给予启引》

9　关注个别需求

在组织一日生活流程时保留一定灵活性，以便在可能和必要的情况下根据孩子的个别需求进行调整。

场景描述

基于对孩子的观察，教师理解孩子的需求并由此调整部分流程安排。这需要为班级设定一个良好的一日生活计划，且该计划要具有一定灵活性。只有这样，当孩子饿了需要吃饭时能马上吃上，困了想睡觉时能立即睡觉，想上厕所时能马上去厕所。

教师要为婴幼儿创建具有清晰结构的室内和室外空间，供孩子自由活动。孩子在游戏中有自主选择的机会，可以自由地满足自己的兴趣或个人需求。教师要特别关注为孩子提供舒适的、受到保护的区域。

理论依据

成人关注和支持婴幼儿的基本需求和个别需求对其健康发展至关重要。0—3 岁婴幼儿的基础需求包括对亲密师幼关系的需求，进食、睡眠或安静休息的需求，还有及时更换尿布的需求。此外，婴幼儿需要有自由游戏的机会以及自由开展多种形式运动的机会（Largo，2017）。在托育机构中，组织这种充分考虑和支持孩子个别需求的活动，需要教师具备一定的想象力、教学策略和技巧。

一日生活中的休息或睡眠环节：孩子年龄越小，越会频繁多次地睡着或需要休息，每次睡着的时间也很短。白天，婴幼儿时常容易感到疲倦，需要休息或者短暂的午睡。但每个孩子具有很大的个体差异，他们需要的休息程度各不相同。出生才半年的婴儿，开始形成所谓的"短睡"和"长睡"的现象。保恩（Pauen，2011）指出，大多数孩子上幼儿园之前通常只需要一次午睡。但对于小年龄的婴幼儿来说，在上午多次进入短时睡眠，也是完全正常的。因此，托育机构的不同班级在规划自己的一日生活流程时会受班上不同孩子午睡需求的影响。孩子的睡眠需求会因其发展阶段和内在的需求、规律而不同，所以每个托育班级的最佳午睡时间也是随之变化的（Kramer & Gutknecht，2016；Pauen，2011；Largo，2017）。

一日生活中的进食环节：0—3 岁婴幼儿的进食情况也与他们的睡眠情况类似。婴儿和幼儿会比较频繁地进食，但与成年人相比，他们每次进食的摄入量较少。尽管如此，仍然值得教师注意的是，婴儿和幼儿有能力自主地控制自己的饮食摄入量。这意味着，教师需要辨别每个孩子何时感到饥饿或吃饱了，并作出相应的反应。重要的是，教师要关注并支持孩子培养自我调节能力。孩子自己能感受到饥饿，并由此决定是否、何时以及吃多少食物（Bosche & von Atens-

Kahlenberg，2009；Methfessel，Höhn & Miltner-Jürgensen，2016；Gutknecht & Höhn，2017）。此外，教师也需要注意孩子的排便情况。例如，当孩子专注于游戏时，他们并不总能意识到自己要大便了，并提醒老师换尿布（Pauen，2011）。为了避免孩子因大便后没及时更换尿布而出现红屁股或过敏的情况，教师必须每日有意识地检查并在需要时更换婴幼儿的尿布，而不是只在固定的时间检查或更换尿布。一旦发现孩子大便了，教师要及时为孩子更换尿布。

除了满足基本的生活和成长需求外，在托育班级里，婴幼儿还需要空间和充足的时间进行自由游戏和活动（van Dieken，2015；Lübke & Vagedes，2013）。

实践建议

科学的托育班级一日生活流程必须设计得能够满足每个孩子的基本需求。在实践工作中，如果班级教师人手足够，可以同时组织两个小组活动、游戏，或提供其他形式的选择，以满足每个孩子的个别需求（Haug-Schnabel & Bensel，2006），或者满足不同孩子的喜好。此外，相对固定的一日生活流程和每个环节的仪式感，对于年幼的孩子感受有规律的每日节奏也是非常有帮助的（Bostelmann & Engelbrecht，2016）。为了使班级的一日生活流程能够根据孩子的个别需求进行灵活调整，教师需要锻炼自己处理突发情况的能力以及灵活调整计划的能力。

在教育部颁布的《幼儿园保育教育质量评估指南》中，第 20 条针对幼儿园的一日生活流程提出了具体的要求，即"一日活动安排相对稳定合理，并能根据幼儿的年龄特点、个体差异和活动需要做出灵活调整，避免活动安排频繁转换、幼儿消极等待。"该考查要点描述与本节的理论阐述一致，重点强调了一日生活流程应保持稳定且合理，具备对孩子行为的可预测性，同时符合婴幼儿的个别需求。这要求教师具备良好的教学能力，能够灵活地调整日常活动，同时在活动转换时要安排好过渡，避免孩子无意义的等待。

教研次数：本主题教研分两次举行。

教研目标：尝试灵活调整一日生活流程，以满足孩子的个别需求。

第一次教研

材料准备

- 本书内容（第77—78页）
- 记录表和笔（人手一支）
- 两张白纸（A4尺寸）
- 胶带
- 视频18《在一日生活流程中考虑孩子的个别需求》
- 投影仪或大型显示器

活动流程

一、热身游戏（15—20分钟）

1. 准备：主持人准备两张白纸，分别写上"完全赞成"和"完全不赞成"两个标题，作为两块标牌。将它们分别放在房间左墙和右墙的位置。

2. 辩论游戏：辩论的话题是"托育班级的一日生活流程应该完全保持个性化"。请教师根据自己的选择，站到对应观点的那一侧。（如下图所示）。

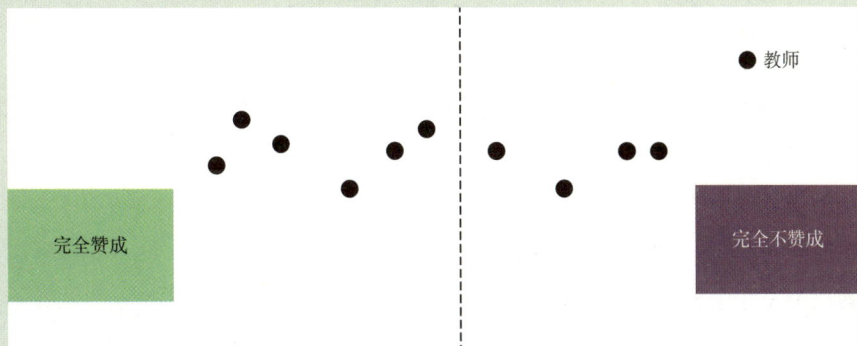

图4 游戏站位示意图

3. 主持人邀请若干教师发表自己的观点并说明原因。当教师们的状态被调动后，每个人都可以自由地表达，目的是尽可能多地说服对方"辩手"改变自己原有的观点，加入己方阵营。

二、理论学习(10—15 分钟)

主持人：(分发阅读材料和记录表 9-1)请大家阅读"关注个别需求"的理论部分，基于自己的理解尝试完成记录表。

记录表 9-1 "关注个别需求"概念问答

问题	回答
1. 0—3 岁婴幼儿的基础需求和个别需求有哪些？	
2. 0—3 岁婴幼儿在休息或睡眠环节有什么个别需求？	
3. 0—3 岁婴幼儿在进食和更换尿布环节有什么个别需求？	

三、集体交流(10—15 分钟)

主持人组织现场教师集体交流对以上问题的回答，共同讨论关于"关注个别需求"这一概念的想法或疑惑。

四、观看视频和讨论(20—30 分钟)

1. 主持人播放视频 18《在一日生活流程中关注孩子的个别需求》(仅播放师幼互动现场部分)，教师在观看视频过程中，可以将自己的想法或感受补充进记录表 9-1。

2. 教师分组交流自己的记录或感受。

五、制定下一步实践计划(5—10 分钟)

1. 请教师在接下来的日子里，每天选择一日生活流程中的某个环节，观察一个孩子的个别需求，在记录表 9-2 中写下孩子的需求和自己的回应以及思考。

记录表 9-2　"关注个别需求"教育实践记录

	环节	孩子的个别需求(姓名、情况描述)	教师的回应
第一天			
第二天			
第三天			
第四天			
第五天			
你所在班级的一日生活流程是否适应孩子的个别需求? 适应的程度如何?			

2. 完成的记录表要用于下一次教研。

第二次教研

材料准备

- 本书内容(第 77—78 页)
- 记录表和笔(人手一支)
- 教师完成的教育实践记录表
- 视频 18《在一日生活流程中关注孩子的个别需求》
- 投影仪或大型显示器

活动流程

一、教育实践分享(30—40 分钟)

1. 将教师分组,组内分享各自观察的孩子在一日生活流程中个别需求的记录。重点分享各自最开心的一次观察和回应,交流在实践中产生的疑惑或遇到的问题。

2. 小组成员共同探讨这些问题的解决办法。

二、观看专家评论并交流(15—20 分钟)

1. 教师观看视频 18《在一日生活流程中关注孩子的个别需求》(完整播放,含专家评论)。

以下为视频中的专家评论文字:

伊姆加德·科伯-穆尔格(Irmgard Kober-Murg):

这个视频是一个很棒的例子,晨圈用于对所有孩子的问候(或点名),它可以个性化的方式进行。所有的孩子可以一起听、一同参与(如果他们愿意),或者仍然继续他们正在进行的游戏。与此同时,所有的孩子都能听到歌声。孩子们当下的行为获得了教师的认可,他们会感受到被重视,因为被提到了!

雷古拉·谢勒(Regula Keller):

这段视频也清楚地展示了,一日生活中充满了大家自然而然地歌唱,孩子们在玩耍,老师在歌唱!我认为这很棒,展示了如何将歌唱融入一日生活中。歌唱不仅仅局限于晨圈、午间圈,或其他固定的围圈活动,歌唱可以更加自然地融入日常生活。针对晨圈活动,这个视频是一个很好的例子。我们的经验是,有两个很重要的考量因素,一是如何让孩子融入群体,另一点是不强行将他们从游戏中抽离出来。我们不一定非要在这两种模式中做出选择,完全可以根据具体情况灵活调整,比如针对托育班级的婴幼儿,可以进行小组式或更简短的晨圈活动。

2. 教师分组交流:你最赞同哪位专家的评论?为什么?

三、制定本园行动计划(20—30 分钟)

基于以上各组教师的交流,教师通过讨论确定在本园一日生活流程中关注孩子个别需求的行动计划。

记录表 9-3 "关注个别需求"本园行动计划

目前已有的班级一日生活流程是否需要优化?如何优化?
同一班级的教师要如何分工和配合,以便在班级里更好地支持孩子的个别需求?

四、本主题教研总结

主持人：

本次工作坊我们一直在探讨一日生活流程如何满足孩子的个别需求。但我们也要避免出现一个误区，即"满足孩子的个别需求，意味着不能对孩子说不"。作为教师，我们的目标是在一日生活流程中合理地实现孩子的个别需求。同时我们也要相信孩子，相信在有安全感的师幼关系基础上，当出现某些场景无法支持孩子的个别需求时，教师给予解释说明和提供替代方案，孩子是能理解的，并且他们能理解的内容比我们以为的要多得多。作为专业人士，我们的目标是在日常作息中合理满足孩子们的基本个体需求，如吃饭、睡觉、换尿布或上厕所。但这并不意味着我们作为专业人士不需要对有趣且准备充分的日常安排和游戏环境负责。我们还必须考虑如何安排个别孩子的小睡时间，或为孩子们提供饮料和点心，以确保没有孩子挨饿。

教师如何在一日生活流程中保持灵活性？这种灵活的能力如何获得？我们仍旧要把自己关注的中心放到孩子身上，观察孩子，倾听孩子的非语言信号。通过不断地尝试，在固定的一日生活流程和实现孩子的个别需求两者间找到平衡。在这个尝试的过程中，教师会逐渐找到许多方法来考虑和满足孩子们的个别需求。只要有耐心，愿意努力尝试，一定会为大家带来很好的结果！

★ 可供使用的其他示例视频资源

视频19《组织个性化的进餐环节》

10　帮助调节情绪

将孩子从紧张的情境中带离、提供身体亲近，给予孩子释放压力或紧张情绪的机会，帮助孩子调节负面情绪。

场景描述

教师帮助 0—3 岁婴幼儿处理负面情绪的方式是，提供孩子喜欢的安抚物，如奶嘴、安抚玩具或安抚毛巾，也可以拥抱孩子，让孩子首先从紧张的情境中抽离出来，教师要待在孩子身边，给予他们亲密的关怀，同时使用语言表达孩子此时的情绪或感受。当孩子有消极、负面或紧张等情绪时，教师不能让孩子一个人待着，或忽视孩子当下的情绪，应支持他们学习应对挫折或伤心，待孩子的情绪恢复平静后，在需要的情况下帮助他们找到新的活动或开展新的游戏。

教师在陪伴有情绪的孩子时，应通过明确的语言讲述，表达自己辨识出孩子的情绪是什么，并且理解孩子的感受，例如教师说："我看到了，刚刚乐乐把正在玩的玩具直接拿走了，你对此非常生气。"这对于尚无法用语言表达的孩子很重要。在这种情况下，教师要展示自己的同理心，逐步引导孩子使用适当的词汇来表达自己的情绪，以便孩子以后能自己使用这些词汇来表达。在这个过程中，教师要用非批判性的方式，客观地感受当下的情境，表达孩子某个行为带来的结果是什么，尝试解析孩子当下的感受，再通过语言讲述来支持孩子逐渐感受和理解自己的需求是什么，以及别人的视角、别人的想法是什么，由此慢慢地让孩子学会区分和接受每个人有不一样的观点。

理论依据

调节情绪指的是通过某种输入，将情绪状态引导到另一个方向的策略（Kullik & Petermann，2012）。学习调节自己的感受和情绪是 0—3 岁婴幼儿的一个重要发展目标。从婴儿时期起，孩子就能逐渐学习和发展出自己的情绪调节策略（Pfeffer，2017），包括互动式调节策略（与主要照料人或同伴的互动）、注意力转移（如将自己的兴趣从激发它的源头断开，或转向其他刺激）、自我安抚策略（如孩子自发地吸吮、咀嚼手指、有规律地晃动自己等）、退缩（如躲开、逃跑）或改变引发自己情绪的情境（如通过游戏活动）①。

成人可以通过触觉和运动觉的安抚策略，如抱起、轻轻且有规律地摇晃孩子、拥抱或轻轻触摸孩子以及语言上的安抚，还有与孩子开展游戏化的活动或互动等策略，来支持孩子调节情绪（Kullik & Petermann，2012）。婴幼儿在生命的头三年，需要依赖成人的帮助，来学习调节自己的

---

① 改变引发自己情绪的情境（如通过游戏活动）指婴幼儿通过参与游戏化的活动，让趣味性的活动积极影响自己的情绪，减轻自己的压力或缓解自己不愉快的情绪。

情绪。在这个年龄段,他们控制自己冲动的能力有限,自我调节情绪的能力也有限(Gutknecht,2015b)。但到两岁时,许多孩子开始发展出自己调节情绪压力的初步技能。随着年龄的增长,他们还逐渐获得了抑制反应的能力,即自己调节消极、伤心情绪的能力,以及重塑情境以让它对自己有利的能力(Kullik & Petermann,2012)。

成人支持和陪伴孩子,共同调节他们情绪,也会不断精细化调整孩子和成人之间的互动方式。在婴幼儿出生的第一年里,这一过程被称为社会参照现象。它指的是 8—9 个月的婴儿在自己不熟悉的场景下,或面对一个有不安全感的物体或物品时,会通过积极的眼神接触向照料人示意,并参照照料人的肢体语言、情感表达,尤其是面部表情,模仿照料人的行为。如果照料人表现出恐惧,婴幼儿也会模仿他们观察到的恐惧的面部表情和肢体语言,并将他看到的这种物体或场景理解为恐惧。当陌生人来到身边,照料人表现出友好的互动时,婴幼儿不太可能表现出恐惧或害怕。这一过程使得成人和孩子的互动也在不断地经历精细化,成人和孩子之间的依恋关系也在不断发展。成人和孩子共同调节他们的情绪,通过成人的积极支持,孩子学习如何应对压力,在没有安全感的环境中再次感受到安全。孩子也在这个过程中不断建立自信,发展自己的社会化技能。当然,它实现的前提条件是,照料人能识别孩子处于不同情绪状态时的面部表情,以及能识别出孩子不同的情绪表达与引发他情绪的具体对象或事件之间的关联。(Petermann & Wiedebusch,2016)。

婴幼儿的早期情绪调节能力被证明是未来形成他们韧性的一个指标(Petermann & Wiedebusch,2016)。此外,研究结果表明,具有明显积极情绪的婴儿在生命的最初几年有可能表现出更善于社交和更无所畏惧的行为(Petermann & Wiedebusch,2016)。因此,在托育班级中,教师的任务之一便是帮助孩子调节情绪。这意味着,教师应该发现处于困境中的孩子,安慰他们,支持他们,认真地对待他们的恐惧或其他需要被调节的情绪,为他们提供安全感(Remsperger,2011)。

工作坊：在同伴冲突中帮助孩子调节情绪

教研次数：本主题教研举行一次。

教研目标：明确帮助孩子调节情绪的具体方法并尝试运用。

材料准备

- 本书内容（第 84—85 页）
- 记录表和笔（人手一支）
- 视频 20《由玩具汽车引发的冲突》
- 投影仪或大型显示器

活动流程

一、理论学习（10—15 分钟）

主持人：（分发阅读材料和记录表 10-1）请大家阅读"帮助调节情绪"的理论部分，基于自己的理解尝试完成记录表。

记录表 10-1　"帮助调节情绪"概念问答

问题	回答
1. 什么是调节情绪？	
2. 婴幼儿有哪些惯用的调节情绪的方式？	
3. 教师为什么要帮助 0—3 岁婴幼儿调节情绪？	
4. 教师如何帮助 0—3 岁婴幼儿调节情绪？	

二、集体交流(10—15 分钟)

主持人组织现场教师集体交流对以上问题的回答,共同讨论关于"帮助调节情绪"这一概念的想法或疑惑。

三、观看视频和讨论(15—20 分钟)

1. 主持人播放视频 20《由玩具汽车引发的冲突》(仅播放师幼互动现场部分),教师在观看视频过程中,可以将自己的想法或感受补充进记录表 10 - 1。

2. 教师分小组交流,交流的内容包括:

(1) 在视频中,你看到教师使用了哪些调节情绪的策略? 请具体解释你是如何识别这些策略的。

(2) 你认可视频中教师的处理方法吗? 为什么?

四、联系实践(15—20 分钟)

1. 教师分组讨论以下两个问题:

(1) 在自己的班级中,你看到孩子有过哪些情绪? 举例说明。

(2) 你是如何应对孩子的这些情绪的?

2. 尽可能收集所有想到的答案,将其写入记录表 10 - 2。

记录表 10 - 2　"帮助调节情绪"联系实践记录

举例:孩子的情绪	教师的反应

五、观看专家评论并交流(15—20 分钟)

1. 教师观看视频 20《由玩具汽车引发的冲突》(完整播放,含专家评论)。

以下为视频中的专家评论文字:

莉泽洛特·阿纳特(Lieselotte Ahnert)教授:

我认为首先需要意识到,这个视频表现的是所有权冲突,但它并不是一定需要解决的问题,其核心并不在于对玩具的所有权或占有,而是在于竞争、社会认可以及社会价值的体现。我要强调的是,有大量关于这个主题的研究。成人尝试通过在儿童群体中提供双倍数量的玩具来减少这类冲突的发生,在这样的情况下,对孩子说:"你不需要哭,还有另一辆完全相同的汽车。""看,这辆车我们这里还有。"并不能真正地缓解冲突。因为,正如前面所说,这里问题的核心是社交,而不是解决所有权冲突。此时,我们应该鼓励老师以情感支持和积极回应的方式介入。

雷古拉·谢勒(Regula Keller):

我觉得这个视频里的处理方式是可以接受的,甚至是相当不错的。因为老师并没有强迫孩子接受自己提供的安抚,而是问孩子:"你想要过来我这里吗?""你想要我抱着你吗?"孩子并不想要,孩子正处于愤怒中,她想要独自待着。老师也用语言表达了这一点:"我就坐在这里,陪着你。"我非常喜欢这样的处理方式!

2. 教师分组交流:你认为遵循该专家的解释并实施他们的建议是否困难?请表达自己的理由。如果出现挑战,可团队共同寻找解决方案。

六、本主题教研总结

主持人:

0—3 岁孩子和 3—6 岁孩子出现情绪的原因和处理的方式有所不同。老师调节 3—6 岁孩子情绪的方式通常有引导孩子之间进行沟通,给出同伴互动、提供玩具或游戏的建议,或者处理孩子的伤口等。而这些处理方法并不能直接拿来用在 0—3 岁孩子身上。这是因为很多 3—6 岁孩子已经能表达自己的情绪并有初步调节自己情绪的策略。而这恰恰是 0—3 岁孩子需要在老师的支持下学习和掌握的能力。

　　因此,老师应该花时间帮助孩子找到表达自己情绪的词汇,并通过展示有效的策略来帮助孩子们调节强烈的负面情绪。这样,孩子们才能逐渐发展出自我调节情绪的能力,成长为情绪稳定和平衡的孩子。这是我们对每个孩子的期望!

★ 可供使用的其他示例视频资源

视频 21《当孩子与教师发生冲突》

⑪ 陪伴解决冲突

将孩子之间的冲突理解为重要的同伴互动过程，引导和陪伴孩子解决冲突，缓解孩子之间紧张的气氛。

场景描述

在托幼机构的一日生活中，孩子们有大量时间一起玩耍。教师要关注孩子游戏过程中的同伴互动，当出现冲突情况时，提供给孩子可以解决冲突的替代方案，帮助他们调节情绪，并确保在整个过程中不会贬低或忽视某一方的感受。当孩子之间出现打人、咬人等行为时，教师要立刻制止，并用简明易懂的话语讲明规则，表达所期望的积极行为是什么，让发生冲突的孩子都能理解教师的表达。在这一过程中，教师要待在孩子身边，与他们保持视线齐平，开展对话，而不是在很远的距离向孩子发出行为指令。此外，教师要依据对冲突情况和孩子发展水平的分析，针对不同的情境或具体的对象，尝试与冲突中的孩子共同寻找可行的解决方案，从而让他们能重新进入游戏或活动。耐心、观察、条件允许时的等待以及允许孩子犯错是教师应遵循的行为准则。并且，教师在处理冲突的过程中，可以与孩子一起，感受教师自身和孩子的情绪，与孩子一同谈论这些情绪。

理论依据

在任何集体环境和集体生活中，争吵和冲突都是不可避免的。因此，在教育实践中，教师工作的关键不是避免冲突，而是专业地引导孩子解决冲突。0—3 岁婴幼儿通常还不完全具备与其他孩子共同解决冲突的能力。争夺材料、游戏玩具等情况是一种典型的争吵和冲突类型，在 0—3 岁婴幼儿的集体托育生活中很常见（Schneider & Wüstenberg，2014）。另一种在托育机构中常常出现的冲突类型表现为，在同一游戏空间中互相干扰，或想玩不同的游戏，或在游戏中只想自己玩，不让其他孩子玩等。第三种冲突情况会表现为肢体动作上的冲突，例如一个孩子推搡或咬另一个孩子（Walter-Laager & Plautz，2017）。0—3 岁婴幼儿在冲突情况中很容易感到困惑、不知所措和紧张，因此需要教师帮助他们调节情绪、处理冲突（Gutknecht，Kramer & Daldrop，2017）。孩子感到困惑的原因是他们在语言发展和社会情感能力方面都尚未达到很高的水平，并且这两个发展领域之间存在着相互联系（Haug-Schnabel & Bensel，2017；Gutknecht，2015b）。教师为涉及冲突的孩子解释冲突产生的原因以及双方的不同观点，从而提高对话透明度，帮助孩子建立与之相关的情感词汇的表达（Gutknecht，Kramer & Daldrop，2017；Haug-Schnabel & Gutknecht，2018）。

实践建议

教师对冲突情况的响应处理方式包含四个步骤。

第一步，教师需要停止孩子的冲突行为，让冲突中的孩子保持一定距离，同时用简短清晰的话语让孩子听到"不""停止""不要再这样做"等词句。

第二步，教师要关注被打、被踢或被咬的孩子，立即给予他们"医疗上"的照顾以及身体和情绪上的安慰。在这种情况下，教师需要特别注意自己的情绪，尽可能避免将自己的愤怒"发泄"到孩子身上。

第三步，教师应该面对所有被卷入冲突场景的孩子，帮助他们每个人表达各自的感受，客观地描述冲突的情况，并与孩子一起梳理总结接下来的目标。

第四步，引导孩子做出决定，是继续共同玩耍，还是提供新的游戏环境，例如提供一个安静的、安全的环境，或者满足孩子调节情绪的需求，如提供安抚奶嘴，或让他抱着毛绒玩具、毛绒毯待一会儿（Gutknecht，2015）。到这一步，很重要的一点是教师需要让孩子暂时脱离集体或小组环境，安静地待一会儿，以便重新稳定情绪。虽然在第三步中看似已经解决了冲突，但教师应该在孩子情绪稳定后继续支持他们，在接下来的游戏和生活情境中引导他们，直到他们重新融入游戏。

只有这样，教师应对冲突的任务才算真正完成（Dietrich，2013；Dittrich，Dörfler & Schneider 2001；Walter-Laager & Plautz，2017）。

工作坊:解决冲突——争夺玩具婴儿车

教研次数:本主题教研举行一次。

教研目标:明确陪伴孩子解决冲突的策略。

材料准备

- 本书内容(第 90—91 页)
- 记录表和笔(人手一支)
- 视频 22《争夺玩具婴儿车》
- 投影仪或大型显示器

活动流程

一、理论学习(10—15 分钟)

主持人:(分发阅读材料和记录表 11-1)请大家阅读"陪伴解决冲突"的理论部分,基于自己的理解尝试完成记录表。

记录表 11-1 "陪伴解决冲突"概念问答

问题	回答
1. 为什么当小年龄孩子产生冲突时需要教师的帮助?	
2. 教师如何陪伴孩子解决冲突?	

二、集体交流(10—15 分钟)

1. 主持人组织现场教师集体交流对以上问题的回答,共同讨论关于"陪伴解决冲突"这一概念的想法或疑惑。

2. 教师自由讨论:让孩子积极参与冲突的解决,有哪些好处?

三、观看视频和讨论(30—50分钟)

1. 主持人播放视频22《争夺玩具婴儿车》(播放到第12秒暂停)。

2. 教师分组交流:视频中的老师会如何做出反应?

3. 教师继续观看后续视频(仅播放师幼互动现场部分),同时思考以下问题:视频中老师的行为是否符合已有理论?

4. 教师分组交流,内容包括:

    (1) 看完视频后的感受。

    (2) 描述老师解决孩子冲突的策略。

    (3) 对第二个问题的思考。

5. 教师观看专家对视频的评论(仅播放专家评论部分),在此过程中可以将新的思考或想法填充进"理论学习"环节的记录表。

以下为视频中的专家评论文字:

莉泽洛特·阿纳特(Lieselotte Ahnert)教授:

人们通常认为孩子需要同伴冲突,这样他们才能最终找到一种妥协方案,即使这些方案未必像我们现在视频中看到的那么理想。所以,当成人作为调解人介入时,就会出现像视频里这样的精彩场面。我觉得视频里的冲突调解得非常成功。但我们也必须考虑到,孩子之间的冲突有时会以完全不同的方式解决,最终可能会有一个孩子成为"输家",而另一个孩子则掌握了"主导权"。当然,即使有所妥协,孩子们依然能够有收获,比如如何维护友谊,保持和谐,等等。因此,我认为不需要对此过分担心,即使有些冲突的解决方式并不像我们所看到的那么理想,但就调解或引导这些冲突而言,视频里的处理方式非常棒!

多萝特·古特克内希特(Dorothee Gutknecht)教授:

我们开展过一项研究,观看来自网络的片段,从中观察不同的冲突解决方式,研究一天当中会发生多少次冲突。孩子并不需要经历20次甚至40次冲突,才能学会良好的冲突处理方式,而是通过较少次数的冲突就可以学到。我们特别关注"冲突辅助"的形式,也就是教师如何提供帮助让孩子们能够以较好的方式走出冲突。

在我看来,这位教师的引导方式非常巧妙。她巧妙地转移了话题,采用了一种"灵活的情境转换"的策略。比如,她问:"我们要不要先给宝宝换尿布?"即使孩子的初衷其实是:"我想推着婴儿车带着娃娃散步",而不是换尿布。但在这个话题的转移过程中,孩子成功地调整了情绪,最终仍然能够继续她原本想要进行的游戏——推婴儿车。因此,我认为这位教师在游戏调控或情绪调节方面做得非常出色。她试图帮助孩子调节情绪,最终也确实成功地引导了两个孩子,使他们重新投入游戏,同时她自己也能逐渐退出,让孩子们继续自主游戏。

雷古拉·谢勒(Regula Keller):

这个视频还有一处特别的地方,两个孩子年龄相差很大,老师很好地应对了这一点。例如,她尝试让年长的男孩理解,年幼的女孩很想要婴儿车或娃娃,她也向年长的孩子提供了冲突解决的示范,同时还教给年幼的女孩,如何询问约瑟夫,是否可以借给她一个娃娃。她用示范的方式,让孩子们学习如何沟通和解决问题,这种方法非常成功!在这个视频中,她用清晰、明确的语言,缓慢而细致的引导方式,为孩子们提供了良好的冲突解决示范,她在这一过程中扮演了非常积极的辅助角色。在解决儿童冲突的不同方式中,有一种方式就是让教师充当示范者,尤其是面对年龄较小的孩子。

6. 教师分组交流对专家评论的感受并讲述原因。

四、制定本园行动计划(10 分钟)

基于以上的讨论,教师梳理可以在自己班级应用的陪伴孩子解决冲突的策略,共同完成记录表 11-2。

记录表 11-2 "陪伴解决冲突"本园行动计划

教师陪伴本班孩子解决冲突的策略:

六、本主题教研总结

主持人：

　　在实际工作中，当我们面对孩子发生冲突的场景时，都会产生压力。有的老师觉得发生冲突代表不好，有的老师会紧张，因为不确定如何处理更好。首先，身处冲突情境并学习合理地解决冲突，是学前阶段孩子自我情感发展和社会性发展必然会面对以及需要学习的重要内容。老师们应放下心理负担，接受"冲突"本就是教室里会出现的情景，抓住教育契机，冷静地观察孩子并思考合适的处理方式，引导孩子学习解决冲突。首先老师给予冷静、平静的反应这对发生冲突的孩子而言就是第一时间的情绪抚慰，能够避免从成人角度再给孩子施加压力；然后老师可以根据对每个孩子性格和发展现状的了解，选择有针对性的冲突解决建议，一一尝试，逐步引导孩子合理地面对冲突，以及学会合理地解决冲突。

★ 可供使用的其他示例视频资源

视频 23《在游戏情境中有意识地陪伴孩子解决冲突》

融入日常的语言教育

本章导读

本书第一章系统地梳理了在托幼机构的日常生活中开展高质量师幼互动的 11 个关键点及实施策略。在此基础上,第二章进一步深入探讨在开展高质量师幼互动的班级背景下,教师如何将语言教育融入托幼机构的日常生活。

过去 15 年间,有多项国际研究探讨:支持幼儿的语言发展,究竟是专门的语言培训更好,还是日常的语言教育更好。研究结论证实,相比于专门的语言培训或课程,日常生活中的互动和自然情境下的语言应用对促进幼儿的语言发展更有效(Vygotsky,1978;Hirsh-Pasek & Golinkoff,2003;Berk,2009;Roos,J.,Polotzek,S.,& Schöler,2010)。中国的学者也强调了在一日生活中渗透语言教育的价值(陈松林,2021;郭咏梅,2002)。其中,教师扮演了关键的角色,教师在日常生活中与幼儿对话和积极互动能有效促进他们的语言发展(Walter-Laager 等,2018;Kammermeyer 等,2018;Fried,2013)。此外,相比于专门的语言课程或培训需要额外的投入,融入日常生活的语言教育则始终可以在班级里开展。因此,它是支持 0—6 岁婴幼儿语言发展的首选方法。

在如此重要的实证研究结果之后,我们需要思考的问题有很多,例如:如何将语言教育融入托幼机构的日常生活中,使得幼儿能够更好地学习语言?处于方言地区和少数民族地区的孩子在普通话学习方面相比普通话普及地区的孩子更面临挑战,该如何更好地支持这些地区孩子的语言发展?此外,面对 0—3 岁婴幼儿,教师又该如何在日常生活中有针对性地支持他们的语言发展?中国幼儿教师亟需系统地在幼儿园日常生活中支持幼儿语言发展的策略,且此策略应基于早期语言发展理论和师幼互动关键点,同时具有一定的教学方法,能为教师提供合适的职前、职后培训。

本书的第二章以解决以上问题为目的,全面介绍在 0—3 岁婴幼儿和 3—6 岁学前儿童班级里,教师在日常生活中开展语言教育的有效策略。这些策略都基于科学研究结论,并且紧密围绕实践工作。每一位幼教工作者都应该了解、理解和在日常工作中实践这些策略。通过对本章内容的学习，教师可以反思和发展自己的语言教学能力，理解如何在实践工作中使用这些策略，从而在班级的日常生活中为幼儿提供更好的语言教育契机。

参与本章编写的作者

埃娃·波尔兹尔-斯特凡内茨（Eva Pölzl-Stefanec）

博士，副教授，主修幼儿教育，拥有多年，幼儿教师工作经验。博士论文为《托育中心教师职前教育的要求》。研究重点包括幼儿教师的专业化发展、托幼机构的照护和教育以及质量发展。

克里斯蒂娜·巴赫纳（Christina Bachner）

社会教育学幼儿教育方向硕士，拥有多年幼儿教师工作经验。研究重点包括托幼机构的时间和活动结构、教育专业咨询以及幼儿教师的职前教育。

卡罗利妮·雷滕巴赫（Karoline Rettenbacher）

社会教育学幼儿教育方向硕士，曾经为格拉兹大学科研员，研究重点是早期数学教育。

本章的理论部分还得益于以下语言教育相关研究学者的参与：弗兰齐斯卡·福格特（Franziska Vogt）、贝亚·朱姆瓦尔德（Bea Zumwald）、纳迪娜·伊特尔（Nadine Itel）、安德烈娅·海德（Andrea Haid）、曼迪·舍恩菲尔德（Mandy Schönfelder）、科杜拉·勒夫勒（Cordula Löffler）、埃尔克·赖希曼（Elke Reichmann）。

参与本章视频评论的专家

弗兰齐斯卡·福格特（Franziska Vogt）

教授，博士；教育学专家、讲师和小学教师。负责管理圣加仑教育学院的教学研究所和早期教育中心。工作重点包括托幼机构、托育机构和游戏组中的日常语言促进、语言促进中的家长教育、早期数学促进、儿童游戏。

苏珊·格拉斯曼（Susanne Grassmann）

　　博士，发展心理学家和语言学家。研究重点包括早期儿童沟通能力、语言习得以及犬类和人类非洲猿的沟通能力。2015 年开始研究教育问题，重点研究书写与语言习得及教学对话。

融入日常的语言教育步骤一览表

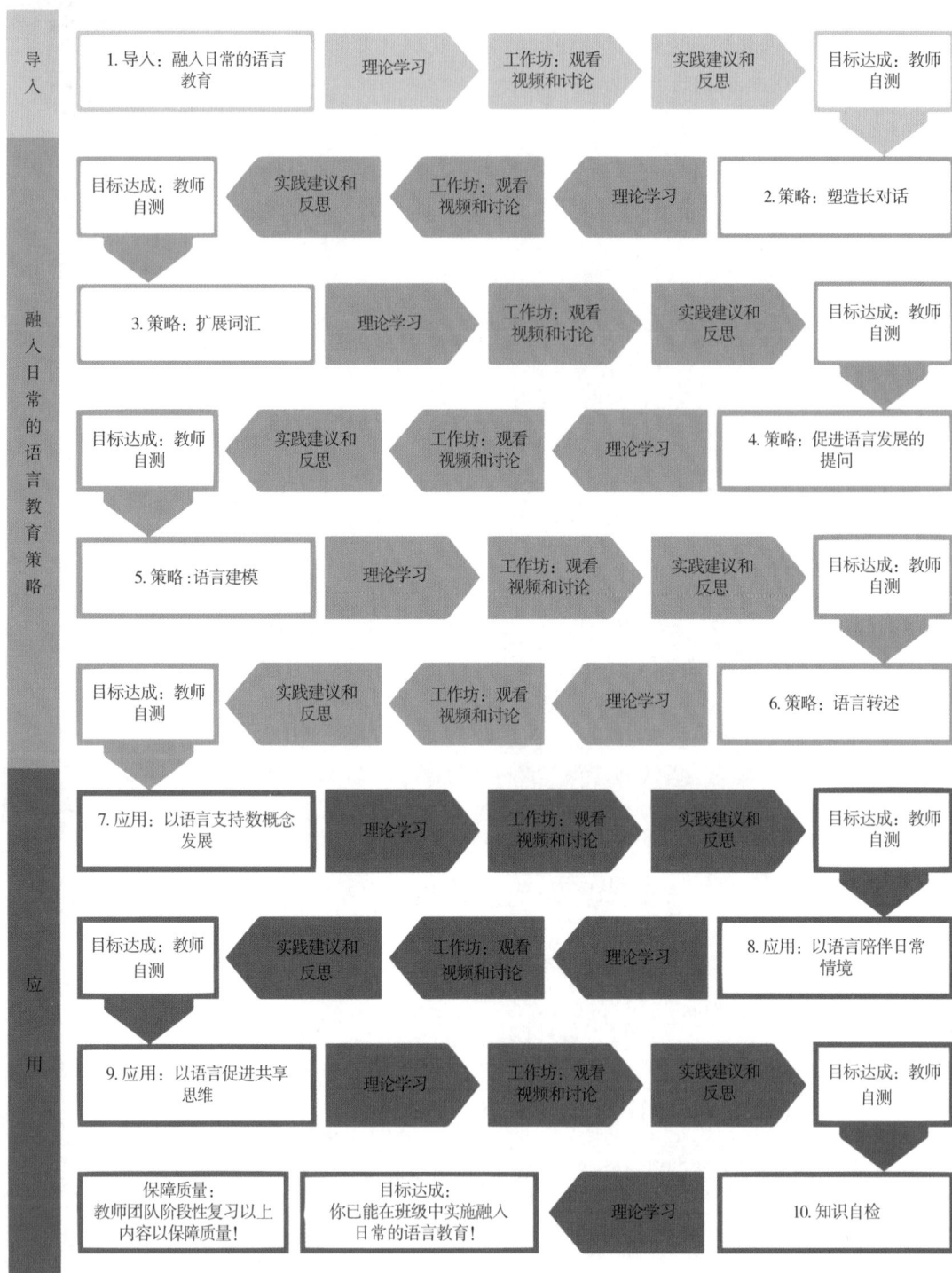

导入				
1. 导入：融入日常的语言教育	理论学习	工作坊：观看视频和讨论	实践建议和反思	目标达成：教师自测

融入日常的语言教育策略

目标达成：教师自测	实践建议和反思	工作坊：观看视频和讨论	理论学习	2. 策略：塑造长对话
3. 策略：扩展词汇	理论学习	工作坊：观看视频和讨论	实践建议和反思	目标达成：教师自测
目标达成：教师自测	实践建议和反思	工作坊：观看视频和讨论	理论学习	4. 策略：促进语言发展的提问
5. 策略：语言建模	理论学习	工作坊：观看视频和讨论	实践建议和反思	目标达成：教师自测
目标达成：教师自测	实践建议和反思	工作坊：观看视频和讨论	理论学习	6. 策略：语言转述

应用

7. 应用：以语言支持数概念发展	理论学习	工作坊：观看视频和讨论	实践建议和反思	目标达成：教师自测
目标达成：教师自测	实践建议和反思	工作坊：观看视频和讨论	理论学习	8. 应用：以语言陪伴日常情境
9. 应用：以语言促进共享思维	理论学习	工作坊：观看视频和讨论	实践建议和反思	目标达成：教师自测
保障质量：教师团队阶段性复习以上内容以保障质量！	目标达成：你已能在班级中实施融入日常的语言教育！	理论学习	10. 知识自检	

融入日常的语言教育示例视频一览表

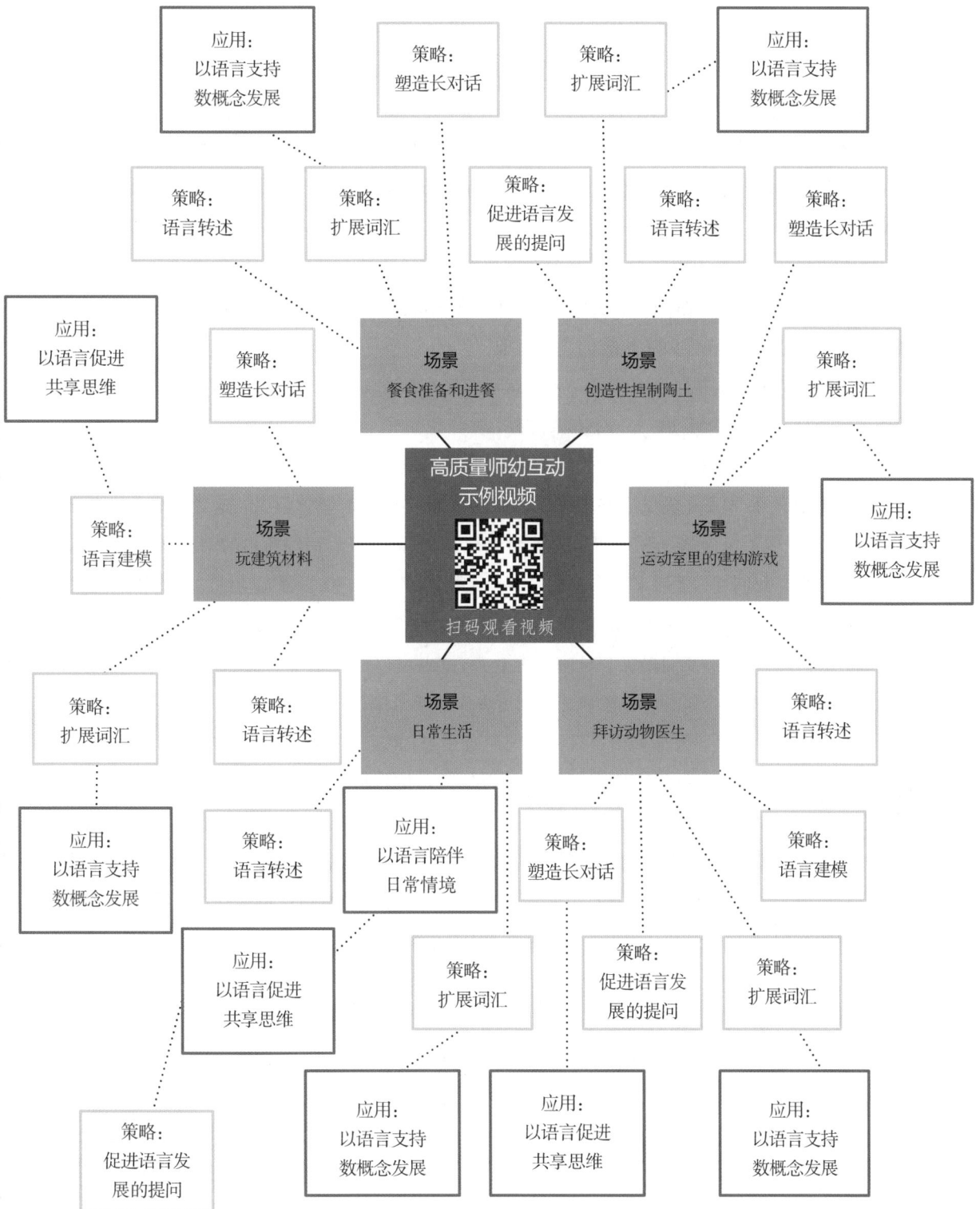

1 导入:融入日常的语言教育

在学前教育领域,促进、陪伴和支持幼儿的语言发展多年来一直占据着重要位置。语言是人类与环境交流最重要的媒介之一,同时也是塑造每个人社会关系的基础(CBI,2009)。在本章中,我们关注将语言教育融入托幼机构日常生活的 10 个步骤,每个步骤都代表着在教育实践中实现语言教育的一种策略。教师可以通过这些来反思和发展自己在语言教育方面的实践。有学者指出,通过参加专业的培训和理论探讨,教师的知识、态度和能力能显著提高(Fukkink & Lont,2007)。基于该研究结果,本章应运而生。

本章提供的理论学习内容与相应的示例视频资料在学前教育理论与教育实践之间架起了桥梁。首先,读者会了解与策略相关的最新科学基础和理论研究,并在此基础上理解该策略的主要概念定义和描述,以及在实践中实施的注意事项。

与策略对应的示例视频资料包括一系列展示如何在教育实践中将语言教育融入日常生活的示例视频,它们与 10 个步骤一一对应。此外,两位儿童语言教育专家弗兰齐斯卡·福格特(Franziska Vogt)和苏珊娜·格拉斯曼(Susanna Grassmann)对视频提供了专业的评论。

除了理论学习,本章还提供了基于视频教研法开展的教师工作坊建议。这为从事幼儿教育的个人、团队提供了包含学习理论知识、观摩示例视频、分析专家反馈等在内的结构性学习、互动与交流的机会。我们欢迎读者基于本章内容开展开放的、互相尊重的、强互动性的交流和探讨。

此外,本章还为幼儿教育工作者提供了具有可操作性的实践建议,教师可在实践中尝试本章详述的各种策略。为此,我们提供了对应的自查表,读者可以通过思考和反思,自查在实施某项策略时的感受,判断是否愿意将该策略迁移到更多实践场景中。

在当前有关幼儿语言发展和语言教育的理论研究中,涉及了两个概念——"语言促进"和"语言教育"。通常认为,当支持语言发展的教育行为是针对某些特定的风险群体,以减少该群体的语言发展出现异常为目标时,涉及的概念是"语言促进"。当支持语言发展的教育行为用于激发所有儿童的进一步发展时,涉及的概念是"语言教育"(Kammermeyer & Roux,2013)。融入日常的语言教育应当紧密围绕幼儿当前的需求和兴趣展开,他们的兴趣和自身的动力应当成为这些活动开展的基础,在这个过程中,语言教育活动是支持幼儿发展的工具,只有谨记这一原则,活动的开展才具有意义(Jungmann,Morawiak & Meindl,2018)。与之相关的研究强调对儿童早期语言教育领域的从业人员开展专业的职后培训,这会对学前儿童的语言发展支持带来积极影响(Weltzien,Fröhlich-Gildhoff,Wadepohl & Mackowiak,2017;Burkhardt Kraft & Smidt,2015;Kammermeyer & Roux,2013;Hofmann,Polotzek,Roos & Schöler,2008)。

想要高质量地引导幼儿的语言发展并开展语言教育活动,需要教师与孩子先建立稳固而可靠的师幼关系。这是衡量托幼机构教育质量的一个关键因素。理想情况下,孩子积极的学习过程是在稳固可靠的师幼关系基础上构建的。而与孩子建立稳定和积极的师幼关系的基础是教师亲切、尊重的态度（Nentwig-Gesemann，Fröhlich-Gildhoff，Harms & Richter，2011），以及在班级里营造出的促进游戏和活动的积极氛围（Ahnert，Pinquart & Lamb，2006）。教师提供给孩子积极的关注，指的是"充满爱心和情感温暖的交流"（Ahnert，2007），包括积极倾听孩子、认真对待孩子以及他们的兴趣。教师通过自己的面部表情、手势（Remsperger，2011）以及全身心随时为孩子提供安全感的状态（Walter-Laager，Pölzl-Stefanec，Gimplinger & Mittischek，2018）表现出积极的关注。积极的氛围还包括班级里孩子之间互相尊重的相处方式，大家共同遵守规则，乐于成为集体的一员，并较少发生同伴冲突（Meyer，Pfiffner & Walter，2007）。如果班级具有积极的氛围，孩子将与教师、同伴建立信任感，并乐意与教师接触和互动，从而能从教师那里开展积极的学习（König，2010）。此外，托幼机构还要面对一项挑战，那便是如何向每个孩子表达尊重，同时不忽视班级中每个孩子个别需求（Ahnert，Pinquart & Lamb，2006）。

以下若干核心的教育价值观也体现在语言教育策略的实施中：

- 孩子应该被视为积极的学习者，并在他们的成长和发展过程中得到成人的陪伴。
- 托幼机构同时也是一个微型的社会，在这里我们支持事物的多样性，并将它落实在教育工作中，例如多样化的生活和家庭形式、不同的社会环境、不同的宗教、性别平等，并包容残障儿童。
- 教师对新的教学形式和策略保持开放和接受的积极态度，不断学习和探索。

（Walter-Laager 等，2018；CBI，2009；Weltzien，2009）

当下专注于托幼机构质量评估的许多专家一致认为，教师与幼儿之间的互动质量对幼儿的语言发展有着积极影响（Walter-Laager 等，2018；Kammermeyer 等，2018；Fried，2013）。2017年，凯特琳·沃特-拉格教授主持开展科研项目《看见并理解高质量师幼互动》。该课题重点关注2岁以下婴幼儿的师幼互动质量。研究结论提出了11个可供实践运用的提高师幼互动质量的关键点，通过实施这些关键点可以确保或进一步提升教育质量（参见第一章）。这些关键点经过适应性调整，同样适用于0—6岁年龄段的儿童。

高质量的师幼互动很大程度体现在教师与孩子的口头、非口头的语言交流中。本章聚焦0—6岁年龄段的班级，详述在教师与孩子发生高质量师幼互动的前提下，在日常生活中激发幼儿语言发展的有效策略。

2 策略:塑造长对话

本节理论部分由弗兰齐斯卡·福格特(Franziska Vogt)和贝亚·朱姆瓦尔德(Bea Zumwald)撰写。

对话是发生在两个人之间的交谈,参与者相互对对方的言论和行为做出反应。对话的内容可以是非语言地通过姿势和表情表达,也可以是通过语言和声音表达(Reimann,2009)。交流随时随地发生在 0—6 岁婴幼儿的学习过程中,他们会就某个话题,或关于某个玩具或工具,与教师产生交流。话题、孩子、教师形成了对话过程中的三角关系,这些多次开展的教师和孩子之间基于某些话题的对话过程就是教师教学和孩子学习的基础(Reusser,2008)。

为了使对话有助于孩子的语言发展,教师和孩子应该开展持续且深入的对话。孩子和教师都应该积极参与。一方面,教师应该给予孩子足够的时间,让他们充分表达自己的想法;另一方面,教师也应该表达自己的想法并深入讨论涉及的主题(Vogt,Zumwald & Itel,2017)。此外,还可以通过提问或者分享自己的经历来持续对话。

对话可以由孩子或教师发起。为了给孩子足够的空间,教师只需给予时间和意愿,投入与孩子的对话。实践工作中的挑战在于,教师如何根据一日生活的日常情境灵活地启动对话。这需要教师和孩子双方都对对话本身以及涉及的话题感兴趣,教师可以使用本章介绍的策略与孩子深入讨论。

在这样真实而紧密的师幼互动中,本章介绍的所有语言教育策略都会不断涌现。例如,当教师向孩子表达与讨论话题有关的具体词汇,而这些词汇对孩子来说陌生时,教师要进行解释。在教师和孩子开展日常对话中使用此策略,孩子对词汇的扩展便在不经意间持续发生。

特别是对于日常家庭语言不是通用语言(原文指德语)的孩子、年龄较小或因其他原因(例如选择性缄默症)造成语言水平较低的孩子,教师应该将关注的焦点放在交流的话题上而不是孩子的发音是否正确等形式上(Darsow 等,2012)。为了让孩子拥有与教师更长时间的互动,教师特别需要花时间与孩子进行长时间的对话,并且这些对话应基于他们的兴趣和游戏或活动。相较于孩子自己的口语表达,发生在教师与孩子之间的对话会更好地帮助孩子发展语言理解能力。在对话中,教师也可以充分利用非语言的交流手段,孩子可以通过手势、身体姿势、表情或行动表达自己的想法,教师在孩子使用非语言交流手段表达的过程中,陪伴在旁并投入地倾听,同时使用更精准的语言再次描述孩子的表达内容,以此作为孩子的语言榜样(Vogt,Zumwald & Itel,2017),通过自己的回应来维持和深入对话。

教师和孩子开展长时间对话需要的元素包括教师在教室里关注孩子、提供孩子说话的机会、在与孩子的互动和游戏中开展对话、分享自己关注到的事情、分享自己的思考。本章第 9 节将对如何在师幼之间持续分享自己的思考展开具体阐述。

用语言描述行为

教师支持孩子用语言表达自己的行动和感受，表现为描述自己的行为以及描述孩子的行为两种策略（Laukötter，2007；Lütje-Klose，2009）。教师使用语言描述自己行为的策略，可以称为"自言自语"，目的是让孩子将行为和对应的语言联系起来，帮助孩子理解教师所使用的词汇，例如把防晒霜涂在孩子手上时，一边做一边说："我把防晒霜先涂在手掌上，然后把它涂在你的手臂上。"教师使用语言描述孩子行为的策略，指的是基于观察使用对应的语言来描述孩子的行为、感受、需求或意图，例如当孩子自由游戏时，教师观察到孩子玩积木的玩法（Though，1977），便在一旁用语言描述出来："你把三角形的积木当做屋顶放在高塔上。"（Gasteiger-Klicpera，2010）

共同关注的焦点

与他人进行对话是需要共同关注某个话题或物体的，这被称为"共同关注的焦点"（Best，2011；Weitzmann & Greenberg，2008）。建立这种共同关注的焦点是教师的责任。教师观察孩子，与孩子保持眼神接触，倾听孩子，与孩子交谈，并通过这种方式感知孩子的目光或兴趣所在。通过跟随孩子的注意力，照料者可以将孩子的兴趣用语言表达出来，并将其作为对话的主题（Weitzman & Greenberg，2008）。

通过互动和对话实现融入一日生活的语言教育依赖教师的回应性。回应性是指教师是否对孩子的沟通信号做出敏感反应，因此教师要关注孩子的兴趣和需求（Gutknecht，2012）。幼儿的早期语言习得与其主要照料者的回应密切相关（Kiening，2011）。整个家庭的互动质量对孩子后续的阅读能力发展至关重要。例如，在家庭环境中讲话的频率和方式以及是否进行阅读活动（McElvany 等，2010）。对于那些在语言刺激匮乏的环境中成长、在谈话中很少受到关注并面临困境的孩子来说，与幼儿教育专业人士进行对话尤为重要。托幼机构在多大程度上能为孩子的未来生活和教育道路提供公平机会，主要取决于语言互动和教育提供的质量（Kuger 等，2012）。持续的共同思考（sustained shared thinking）策略是所有语言教育策略中衡量质量的核心指标（Siraj-Blatchford & Sylva，2004）。（详见本章第 9 节）

工作坊：塑造长对话

教研次数：本主题教研分两次举行。

教研目标：明确与孩子塑造长对话的具体策略，并尝试在实践工作中运用。

第一次教研

材料准备

- 本书内容（第 106—107 页）
- 记录表和笔（人手一支）
- 视频 1《塑造长对话》（无专家评论版）
- 投影仪或大型显示器

活动流程

一、理论学习（10—15 分钟）

主持人：（分发阅读材料和记录表 2-1）请大家阅读"策略：塑造长对话"的理论部分，基于自己的理解尝试完成记录表。

记录表 2-1　"塑造长对话"概念问答

问题	回答
1. 如何理解"教师通过语言描述自己的行为"和"教师通过语言描述孩子的行为"？	
2. 教师如何建立共同关注的焦点？	
3. 请写下在上周工作中，你与孩子进行长对话（至少 3 个来回）的一个例子或描述你与孩子开展长对话的一个情景。	

二、集体交流(10—15 分钟)

主持人组织现场教师集体交流对以上问题的回答,共同讨论关于"塑造长对话"这一概念的想法或疑惑。

三、观看视频和讨论(30—40 分钟)

1. 主持人播放视频 1《塑造长对话》(无专家评论版),教师在观看视频过程中,可以将自己的想法或感受补充进"理论学习"环节的记录表。

2. 将教师分为两组,再次观看视频并完成以下任务:

    (1) 第一组教师记录视频中的教师和孩子发生了至少四轮来回对话的主题。

    (2) 第二组教师记录视频中对话可能中断的时刻以及教师是如何让对话继续的。

3. 各组分享自己的记录和感受。

四、制定下一步实践和反思计划(5—10 分钟)

1. 请教师在接下来的实践工作中尝试以下方法。

(1) 实践建议:散步。

与孩子一起散步时,观察孩子是否对某物或某件事产生兴趣,即是否有孩子发现了什么,看了看并停下来。请抓住这样的时刻,停下来与孩子一起观察并开始对话。如果孩子语言表达能力不足,可以通过对他们所观察到的东西进行补充或评论来展开对话,例如:

- 用观察到的内容开始对话,例如"建筑工人正在用挖掘机挖一个坑"。
- 提供机会让孩子说点什么或指给你看,孩子可能会模仿发动机的声音。
- 接收孩子的非语言表达,使用语言将它表达出来,例如"这台挖掘机需要一个强大的发动机。坐在方向盘后面的人控制着挖掘机。"
- 还可以将孩子的注意力引导到一个话题上,创造一个特殊的情境以便与孩子深入地进行长对话。

(2) 实践建议:观察云彩。

邀请搭班教师与你配合,他主要负责孩子的安全和辅助支持工作。你可以躺在草地的毯子上,仰面朝天,观察天空中的云彩。教师这种相对不寻常的行为可以很快引起孩子的兴趣。孩子会问:"你在做什么?"这时你可以回答:

- 我在观察天空中的云彩。你也想看看吗?
- 我觉得那朵云看起来像一条鱼。你看到了什么?
- 云为什么会动?
- 云随风而动,我觉得很有趣。

2. 教师根据记录表 2-2 里的问题对实践开展反思，将自己的思考记录下来，用于下一次教研。

记录表 2-2 "塑造长对话"教育实践记录

问题	回答
1. 你与孩子最长的对话持续了多久？	
2. 是什么吸引了孩子的注意力？	
3. 这个话题对孩子来说有趣吗？是因为话题有趣他们才乐于参与对话的吗？ 如果不是，哪个话题对这些孩子来说更合适？	
4. 请具体描述你是如何与孩子开展长对话的。	

第二次教研

材料准备

• 教师在教育实践中完成的记录表

• 本书内容（第 106—107 页）

• 记录表和笔（人手一支）

• 视频 1《塑造长对话》（专家评论版）

• 投影仪或大型显示器

活动流程

一、教育实践分享（30—40 分钟）

1. 将教师分组，组内分享各自的教育实践和反思。重点分享与孩子开展的长对话，以及讨论在实践中产生的疑惑或遇到的问题。

2. 小组成员共同探讨这些问题的解决办法。

二、观看专家评论并交流(15—20 分钟)

1. 教师观看视频 1《塑造长对话》(专家评论版)。

以下为视频中的专家评论文字:

苏珊·格拉斯曼(Susanne Grassmann)博士:

我在这一场景中清楚地看到,老师如何回应孩子们的话题。一方面,她通过语言表达孩子的行为,起到了语言示范的作用。孩子正在玩球,老师说:"你在做什么?你也在做一个球吗?"接着,通过制作冰淇淋,这个现实中的游戏"我们做球"转变为一种"假装游戏"——"我把棒子插进球里,然后它变成了冰淇淋。"教师立即理解了这一点,并且完全融入了这个"假装游戏"中。她没有停留在现实的"我们现在正在做球"的层面上。

2. 教师分组交流:你是否赞同该专家的评论?为什么?

三、教师自测和交流(30 分钟)

1. 教师阅读自测表中的问题,在两个选项"我常常这样做"和"我不经常这样做"中做出选择。如果愿意,可以描述一个自己做得好的案例(尚未在本工作坊中分享给同事的案例),分析成功的原因。

记录表 2-3 "塑造长对话"教师自测

	提问	我常常这样做	我不经常这样做	描述一个自己做得好的案例,分析成功的原因
1	我观察到了能够吸引孩子注意力的事情、过程或话题,我将注意力集中到这些方面并与孩子展开较长的对话。	☐	☐	
2	当发现有趣的事情后,我会主动引发关于这个话题的对话。	☐	☐	
3	当我与孩子单独对话时,孩子和我都会参与交流(至少有 4 轮来回对话,并且孩子表达了自己的想法)。	☐	☐	

续　表

	提问	我常常 这样做	我不经常 这样做	描述一个自己做得好的案例, 分析成功的原因
4	我有意识地鼓励孩子积极参与对话,同时控制自己发言的频率和长度,给孩子留下选择话题和表达想法的空间,以形成对话。	☐	☐	
5	我可以理解孩子的非语言信号,例如面部表情或手势以及孩子在对话中的行为,并在此基础上与孩子开展交流。	☐	☐	
6	在一日生活中,我有意识地与某个或某些孩子进行较长的对话,以便能在一周内与每个孩子都进行一次详细的对话。	☐	☐	
7	我与孩子进行认知上有挑战性的对话,例如关于特殊话题的讨论、提出对孩子和我来说都不完全清楚的问题(开放性问题、有关经验和感受的问题以及哲学问题等)。	☐	☐	

2. 组内分享教师完成自测表的情况,讨论是否有把握能在实践中实施"塑造长对话"的策略。

3 策略：扩展词汇

本节理论部分由纳迪娜·伊特尔（Nadine Itel）和安德烈娅·海德（Andrea Haid）撰写。

已有研究证实，词汇量丰富的孩子在小学一年级时的成绩表现明显优于词汇量较少的孩子（Dickinson & Porche，2011），尤其对于那些成长在社会经济条件较差的家庭、语言刺激较少的环境或正在学习第二语言的孩子，这些因素可能不利于他们对词汇的学习（Vasilyeva & Waterfall，2011），当这些孩子一岁时，他们在语言理解能力和语言表达能力上与其他孩子的差异就已较为显著（Hart & Risley，1995）。正因如此，大量的语言输入和早期的阅读及写作能力的培养对婴幼儿的发展具有重大意义，它们能促进这些孩子的语言发展，提升教育的公平性（Nickel，2014）。

为了让孩子获得多方面的早期语言发展支持，图画书、图片、卡片和符号图标都是有效的支持工具。书籍和图片的优点在于，它们能引导孩子接触到复杂的、部分抽象的话题，这些话题不同于托幼机构的日常生活和活动。其中，对话式图画书阅读被认为是一种有效的方法，通过这种方法，孩子能够接触到多样的语言输入（Whitehurst 等，1988）。对话式图画书阅读通常适合小组形式（示例视频可参见第一章第 3 节"启发性交流"），有利于教师和孩子充分开展对话和交流。教师会向孩子提出有关绘本内容的问题，例如"为什么西蒙感到伤心？"或"西蒙的朋友可以做些什么来让他不再伤心？"从而鼓励孩子参与对话，并提供他们思考和用语言表达的机会。教师接受孩子的回答，并在内容上对其进行扩展，进一步激发孩子的讨论和表达（Kraus，2005）。

孩子是否乐于参与语言表达，部分取决于他们早期的语言和文字经历，例如听故事或识别符号。这些经历在文献中被称为"读写经验"（Haug-Schnabel & Bensel，2017），具体指孩子通过语言和文字进行交流的能力。包括对文本和意义的理解，书面表达能力，阅读兴趣，对书籍的熟悉度以及对书面语言的认识，总体来说，它可以概括为孩子使用媒体媒介的能力（Haug-Schnabel & Bensel，2017）。

融入日常的语言教育尤其适合发生在游戏和日常生活情境中，并通过对话来促进孩子的语言发展（本章第 2 节具体阐述了在师幼间塑造长对话的策略）。这些对话往往发生在孩子感兴趣的情境中，教师便在不经意间支持了孩子扩展词汇。当然，其前提是教师需要向孩子提供丰富多样的新词汇（包括不同词性的词汇）（Torr & Scott，2006），例如"公交"也可以称作公共汽车、公交车、公汽、巴士。为了长期扩展和巩固孩子的词汇量，教师要在各种不同的语境中让孩子反复听到这些多样的词汇，让孩子逐渐自主地使用它们（Itel，2017）。

扩展词汇的具体方法

根据幼儿不同的语言学习阶段，教师可以通过使用新词汇或重复巩固、深化已知词汇的方式来扩展孩子的词汇量。经过若干次成人的示范和重复之后，孩子能够将新词的意义与其发音关联起来,从而理解这个词(接受性词汇①)。此外,在不同情境中的深入学习也有助于孩子掌握词汇之间的联结(Klann-Delius,2008)。当然,这并不意味着孩子已经能主动使用这些词汇(产出性词汇)。通常当他们听到一个新词大约 50 次后,才会开始主动使用它(Apeltauer,2012)。

为了让孩子能够主动使用新词汇和新概念,必须认识到重复词汇的重要性。

词汇的习得分为三个阶段:展示词汇、加工词汇的和巩固词汇。

展示词汇:指的是当教师向孩子引入新词汇时,若能慢慢地、清晰地且略微提高音量地读出这些词汇,将有助于孩子识别和感知词汇的音节结构。对新词汇进行特别明确的发音,这在专业术语中被称为"展示词汇"。孩子感知教师所提供词汇的音节结构,从教师的表达中辨别出词汇的开头和结尾(Weinert & Grimm,2012)。

教师要展示有意义的词汇,包括名词、动词和形容词。除了名词外,尤其应向孩子展示动词,动词能使得孩子从表达单个词的水平过渡到表达句子的水平。对于已经在词汇学习上有所进展的孩子,教师可以逐渐引入更多的功能词,如冠词、介词或连词。总体而言,在早期发展阶段,不同孩子的词汇量差异是巨大的(Itel,2017)。

对于以其他语言为母语,或方言地区、少数民族地区的孩子,教师的重点应放在对日常词汇的重复使用上,以便孩子在相似情境中理解这些词汇,并逐渐学会用它们来表达。对那些有较好语言能力的孩子,教师应向他们展示一些具体的(子)词汇,这些词汇建立在他们已掌握的基础词汇之上。例如,孩子已经会表达"花",那么教师可以展示"玫瑰",它是"花"的一种,但"玫瑰"这个词是一个具体的子词汇(Itel,2017)。

加工词汇:指的是孩子学习新词的意义。如果新词涉及具体的物体或图像,教师可以在对话中通过指示其对应的物体或图像来介绍新词的意义。例如,情感词汇可以通过教师呈现相应的面部表情或图像来让孩子感受意义。教师描述新词的特征也是加工词汇的一种形式,它对孩子来说比较抽象,因此教师应将描述特征与传达词汇的意义串联起来。当教师将以上策略结合起来使用,孩子的学习效果会更加显著(Itel,2017)。

巩固词汇:教师对孩子学习词汇的支持工作在此阶段还尚未完成,孩子仍需获得尽可能多的机会以自主使用新学的词汇。这有助于从接收性词汇(孩子知道这个词)过渡到表达性词汇(孩子能使用这个词)。因此,巩固词汇对孩子学习词汇尤为重要。巩固词汇的方法包括教师在展示词汇和加工词汇阶段反复使用新词,同时将这些新词应用在不同的情境中,让孩子能在各种语境中体验这些词汇,尤其是将这些词汇与孩子的生活经验联系起来,能有效帮助孩子理解和运用词汇。其最终目标是让孩子"掌握"这些词汇,使用它们进行表达,再通过丰富的使用经验来加以巩固。

---

① 接受性词汇指学习者在阅读或听力中能识别和理解但不能在口语或写作中主动使用的词汇,与产出性词汇相对。

工作坊：扩展词汇

教研次数:本主题教研分两次举行。

教研目标:理解扩展词汇的三阶段和扩展词汇的具体方法,尝试在实践工作中运用。

第一次教研

材料准备

- 本书内容(第 113—114 页)
- 记录表和笔(人手一支)
- 便利贴
- 视频 2《扩展词汇》(无专家评论版)
- 投影仪或大型显示器

活动流程

一、理论学习(10—15 分钟)

1. 主持人:(分发阅读材料)请大家阅读"策略:扩展词汇"的理论部分。这些内容不仅从理论研究角度来说非常重要,在《3—6 岁儿童学习与发展指南》(以下简称《指南》)中也有提到,教师要"引导孩子清楚地表达,成人自身的语言要清楚、简洁"。本节理论部分关于词汇的展示的解析,更具体地向教师讲明了向孩子展示词汇的重点是什么。因此,它能有效帮助我们更好地落实《指南》中强调的对孩子语言发展的支持。

2. 主持人分发记录表 3-1,教师基于自己的理解尝试完成记录表。

记录表 3-1　"扩展词汇"概念问答

回答	问题
1. 教师应如何向孩子展示词汇?	

续　表

问题	回答
2. 教师可以使用哪些方法来帮孩子巩固词汇?	

二、集体交流(10—15 分钟)

主持人组织现场教师集体交流对以上问题的回答,共同讨论关于"扩展词汇"这一概念的想法或疑惑。

三、观看视频和讨论(10—15 分钟)

1. 主持人播放视频 2《扩展词汇》(无专家评论版),教师在观看视频过程中,可以将自己的想法或感受补充进记录表 3-1。
2. 教师分组分享自己的记录和感受。

四、联系实践(20—30 分钟)

1. 每位教师选择一个自己班级的游戏区域(如建构区),思考与之相关的 5 个在当下日常生活中不常使用的词汇,注意尽量选择不同的词性。将这些词汇记录在便利贴上。
2. 教师在小组中分享各自记录的词汇,小组其他成员可以对词汇进行补充或扩展。
3. 教师将这些词汇便利贴贴在自己班级里相应区域的合适位置,并在后续几周里将它运用在与孩子的日常交流中。

五、制定下一步实践和反思计划(5—10 分钟)

1. 除了上述"联系实践"板块提到的实践建议之外,教师可以在接下来的工作中尝试以下实践建议。

   (1) 如果教师愿意,可以与班级孩子一起玩数独游戏。数独游戏最初是一个数字谜题,但为了扩展和巩固词汇,可以提供不同物品代替数字,例如勺子、笔、书、积木等。

   (2) 对于幼儿园年龄的孩子,教师可以制作一个 4×4 的方格用于游戏(见下图)。可以用粉笔在花园的水泥地上画出方格,也可以在教室的空地上用美纹胶贴出方格。最终要使每个格子里都放置一个合适的物品。

   (3) 基本游戏规则

   － 每个物品在每行中只能出现一次

   － 每个物品在每列中只能出现一次

- 每个物品在每个格子中只能出现一次

可以根据孩子的年龄调整游戏规则。最简单的游戏规则是将所有格子填满物品,暂时忽略行和列的规则。升级的游戏规则是玩游戏时引入不同词性的词,如动词或形容词来描述物品。当孩子熟悉游戏后,可以不断调整规则。经过多次重复,孩子能够在材料准备齐全的情况下自主进行游戏。在这种情况下,教师可以事先准备好游戏所需材料,供孩子自由游戏。

(4) 游戏玩法

教师事先准备好 4 种不同的物品,每种 4 个。可以先在棋盘上放置一些物品(4 种物品都要出现在棋盘上),作为游戏的起始状态(见下图)。教师提供的物品越多,孩子完成游戏就越容易。

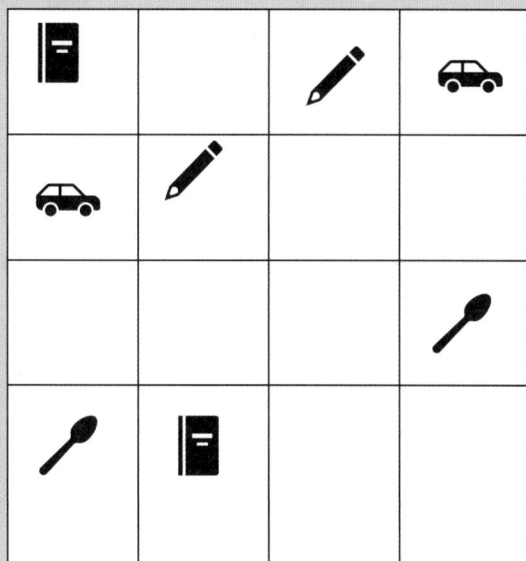

图 5 游戏起启状态位置

游戏开始后,教师可以扮演引导角色,要求每个孩子从篮子里拿给教师一件特定的物品,例如"请把勺子递给我"。这需要孩子理解语言,将专属词汇与他递给教师的物品联系起来,然后把物品放在格子里。接着,教师可以与孩子一起思考:接下来可以拿哪个物品、放在哪里。引导角色也可以由孩子扮演,从而练习使用语言,孩子可以说:"请把车给我"。

有些孩子的语言表达能力较差,但他们无需说话也能对物体进行分类,教师可以在旁用语言描述孩子的行为。

(5) 游戏变化

教师可以和孩子一起在花园或活动室中寻找各种物品,将这些物品放入一个篮子里。可以每天更换游戏的材料，考虑哪些物品对应的词汇是孩子当下日常生活中非常重要的词汇。在接下来的几周内，教师引导孩子频繁地在不同情境中使用这些词汇，以巩固孩子对这些词汇的掌握。

2. 教师根据记录表 3-2 中的问题，对教育实践开展反思，并完成记录表。

记录表 3-2 "扩展词汇"教育实践记录

问题	回答
1. 本周你在与孩子的对话中重点展示给孩子的新词汇有哪些？	
2. 孩子对这些词汇是否有兴趣？他们通过什么方式表达了自己的兴趣？	
3. 孩子是否理解了这些词汇，并在不同的情境中做出了合适的反应，甚至开始使用这些词汇？请举例描述。	

第二次教研

材料准备

• 教师在教育实践中完成的记录表

• 本书内容（第 113—114 页）

• 记录表和笔（人手一支）

• 视频 2《扩展词汇》（专家评论版）

• 投影仪或大型显示器

活动流程

一、上周实践分享（30—40 分钟）

1. 将教师分组，组内分享各自的教育实践及反思，讨论在实践中产生的疑惑或遇到的问题。

2. 小组成员共同探讨这些问题的解决办法。

二、观看专家评论并交流(15—20 分钟)

1. 教师观看视频 2《扩展词汇》(专家评论版)。

以下为视频中的专家评论文字:

- 关于"引入新词汇":给孩子引入一个新词汇时,可以先给它命名,然后再用它造句。

弗兰齐斯卡·福格特(Franziska Vogt)教授:

　　视频中老师在做的事情是引入新的词汇。她想引入"滴管"这个词,这是一个非常特殊的词。老师做得很好。她先提了一个问题,但孩子们不知道答案,这是完全有可能的。她等了一会儿,没有等太久,孩子们也没有觉得自己必须马上回答。当她意识到没有孩子回答时,她继续表达这个词。有趣的是,我觉得她成功引起了孩子们的兴趣。有一个孩子随后自言自语地重复了这个词,而其他孩子虽然现在没有表达,但可能他们会在下一次或再下一次的时候学会这个词。当他们再次使用滴管玩时,就可能记住这个词了。这确实需要多次重复。因此,老师面对不同的孩子,可以引入不同的词汇主题。比如她和某个孩子讨论材料,并提问,那个孩子回答:"这是一块石头"。他们之间的对话很轻松,这个对话是独属于这个孩子的,其他孩子可以加入,也可以不加入。但对这个孩子来说,这个对话绝对是有益的。

苏珊·格拉斯曼(Susanne Grassmann)博士:

　　这就是语言艺术所在。这位老师的能力在于,她能够和每个孩子进行平行对话,每次对话都有所不同。在滴管这个例子中,如果我们想要更高水平的改进,可以在引入新词汇时对它命名,说:"这叫作滴管",然后再说,"现在我用滴管滴一点水",这样就把这个新词用在了一个句子中,并且说了两次。孩子们的记忆也会更加深刻。这么做就是非常高水平的语言优化!

- 关于"让孩子切身体会词汇的意义":老师要将学习词汇与孩子的感觉、触觉联系起来。

弗兰齐斯卡·福格特(Franziska Vogt)教授:

　　一个孩子说:"它变得滑溜溜的"。就在那个瞬间,老师看到了孩子的感官探索。她问："感觉怎么样？""它摸起来是什么感觉？"
她重复了"滑溜溜"这个词，然后把它和孩子们的触觉感
受联系起来，并且结合到触觉体验中。当孩子们玩黏土
时，这点特别重要，对其他类似的活动也非常重要。

- 关于"将新词汇的引入与孩子的感官探索相结合"：老师用这种方式引入特
  别的词汇。

苏珊·格拉斯曼（Susanne Grassmann）博士：

在一个情境中，一个孩子伸出他的双手，双手全都
变白了。他说："我的手变得很软，因为泥巴干了。"老师
抓住了这个"干泥巴"话题，也伸出自己的手展示，然后
说："是的，它变得非常硬了。"老师提到"白色""坚硬"，
又说："这些白色的东西从手上都掉下来了。"通过这样
的对话，她引入了特殊的词汇，这种方式既自然又贴合
孩子在这个情境中的兴趣。老师问："你看，这发生了什么？"她稍微解释了一
些内容，但不是以说教的方式。她没有说："这里是这样的，因为这样或那样
的原因。"而是用非常自然的方式表达。然后，她让孩子去洗手，接着孩子再
次展示了自己的手，"你看，手已经很容易洗干净了。"孩子回来了，带着洗干
净但没擦干的手回来的。然后，孩子开始玩起手上的水来，这又是一个令人
意外的时刻，老师并没有立即说："你不能这样做。"相反，她抓住了这个机会，
并对为什么会这样做出了解释。这些词汇都与手的感觉相关，包括手的外
观、干燥感、硬度以及"它能洗干净吗？"的疑问。答案是："可以很轻松地洗干
净。"于是，孩子把泥巴洗掉后，又开始用水玩了起来，甚至溅起了水花。

- 关于"基于孩子的兴趣引入新词汇"：老师抓住孩子的兴趣，引入专业词汇。

苏珊·格拉斯曼（Susanne Grassmann）博士：

在整个过程中，老师引入了一些专业术语——前
轴，后轴，马达。她抓住孩子的兴趣，例如，当孩子对汽
车非常感兴趣，可以提问："我可以这么做吗？""马达在
哪里？""在赛车上。"等等。也就是说，知识会被融入其

中。当面对另一个对专业术语不那么感兴趣的孩子,就不需要这么做。对视频中的这个男孩,老师的交流做法很适合。

弗兰齐斯卡·福格特(Franziska Vogt)教授:

我觉得这个场景很好地说明了:教育者可以先专注于一个孩子。当然,正如你所说,其他孩子会加入进来,老师也会试着把他们融入进来,这很好。实际上,有时可以想一想,现在跟随这个孩子感兴趣的主题,然后在另一天,将另一个孩子作为关注的焦点,每个孩子都能获得老师宝贵的时间。并不是每时每刻都要保证孩子拥有老师的关注,重要的是做得恰到好处,然后,再将注意力转到另一个孩子身上!

- **关于"发展对物体概念的理解":为了真正地理解,需要收集大量信息。**

苏珊·格拉斯曼(Susanne Grassmann)博士:

关于物体的概念是需要我们去想象的。代表我们对事物的知识。当我们对苹果有概念,这意味着我们知道哪些是苹果,哪些不是苹果。我们知道那不是苹果,因为它看起来不像苹果。苹果是圆的,有特定的颜色,有果核,尝起来有特定的味道,这些信息都属于苹果的概念。所有这些信息,在我们还小的时候,被汇总起来,才能发展出关于"苹果"的概念。对于可以触摸的事物,比如玻璃或笔,触觉信息也是概念的一部分。然后还有一些非常抽象的概念,可能只与某种感官有关,比如光滑的表面。然后必须学习什么是光滑的,它摸起来是怎样的,以不同的方式去感受。笔的光滑与纸的光滑是不同的,与各种物品的表面光滑也不同。为了真正理解什么是光滑,必须把所有这些信息整合起来,收集所有信息。对于"大"和"小"来说,理解起来就更困难了,我们每个人都有对"大"的概念和知识,包括知道"大"是相对的,一个大动物和一个小动物与一个大水果和一个小水果是不同的,它是相对于参照物而言的。这是需要学习才能理解的,属于"大"和"小"概念的一部分。

- 关于"什么时候不合适扩展词汇"：当沉浸在游戏中时，需要的是继续玩下去的热情和动力。

弗兰齐斯卡·福格特（Franziska Vogt）教授：

这段情景非常清晰地说明了一点：老师无法同时完成所有事情。也就是说，当想要孩子继续游戏，并且引入新词汇时，需要给孩子一点热情和动力。如果老师为了促进词汇量而把每个单词重复五遍，这是很可惜的，有时候两者无法兼顾。这个游戏中，孩子现在是病人，她能很好地用语言表达。她需要的是关于治疗的新词汇，而非来自老师过多的重复和确认等反馈。与此同时，另一个男孩，需要的是老师的认可，认可他的这杯茶是被老师喜欢并接受的。

2. 教师分组交流：你是否赞同该专家的评论？为什么？

三、教师自测和交流（30 分钟）

1. 教师阅读以下 7 个要点，思考在过去一周的教育实践中是否经常这么做或不常这么做。如果是，请打钩，并描述一个成功的案例和在孩子身上取得的成效。如果愿意，可以计划如何在接下来的实践中实施这些要点。

记录表 3-3　"扩展词汇"教师自测

	要点	已做到	对成功案例的反思:情况描述,包括我特别注意的是什么、哪些孩子现在能使用这些词汇。
	开始学习词汇		
1	我会注意在新的流程或游戏中不断重复使用相同的词汇。	☐	
2	当孩子不熟悉某些词汇时,我会注意以相同的表达方式多次重复使用。	☐	
	链接词汇与意义		
3	我会注意提供同义词来扩展孩子已经熟悉的词汇。	☐	
4	我会通过重复使用多样化的词汇,为每个孩子提供丰富而多样的词汇。 以下 5 个词汇是我班孩子并不都熟悉的。过去一周,我把它们融入了我班的一日生活中: • ＿＿＿＿＿ • ＿＿＿＿＿ • ＿＿＿＿＿ • ＿＿＿＿＿ • ＿＿＿＿＿	☐ ☐ ☐ ☐ ☐ ☐	
5	在图画书阅读过程中,我会指出书中的不同物体和活动,并通过提问让孩子自己表达书中的内容。	☐	
6	我会注意在引入新词汇时,清晰而有意识地发音,并以较慢的语速读出,以帮助孩子感知词汇的音位结构。	☐	
7	为了帮助孩子理解词汇的含义,我提供了不同的解释方式,包括使用图片、指向实际物品、运用手势和面部表情以及口头解释。	☐	

2. 教师在组内分享各自自测表的情况,讨论是否有把握在实践中实施"扩展词汇"策略。

④ 策略：促进语言发展的提问

本节理论部分由曼迪·舍恩菲尔德（Mandy Schönfelder）撰写。

在托幼机构中，诸如谈话聊天环节、入园问好、离园告别、进餐、自由游戏以及其他由教师组织的活动等日常情境，都为教师与孩子之间开展语言交流互动提供了丰富的机会（Kucharz，2012）。在这些互动中，提问占据了重要的地位。研究结果显示，教师的语言教学行为中有 11% 是提问（Briedigkeit，2011），而在对话式的图画书阅读过程中，提问的比例更高。

通过提问，孩子被鼓励使用语言表达，并进一步思考。在这个过程中，开放性问题和封闭性问题之间的区别十分重要。开放性问题通常被认为比封闭性问题更重要（King 等，2011；Siraj-Blatchford & Manni，2008；Whitehurst 等，1999），因为封闭性问题只能用一个词（例如"是"或"否"）来回答，而开放性问题则能积极推动孩子习得语言。因此，幼教工作者应当多提出开放性问题，即"W"问题——谁（who）、是什么（what）、什么时候（when）、哪里（where）、为什么（why）、如何（how）（Kannengieser 等，2013）。

根据孩子不同的语言水平，教师可以将所有问题形式融入有效的促进策略中。例如，决策型问题、补充型问题、选择型问题（具体说明见下文）或各种"W"问题，它们可以引发特定的语言表达形式。但具体提什么问题，必须与孩子的语言能力相匹配。对于一个正在积累词汇且能说出包含了 1—2 个词的句子的孩子来说，教师提问"为什么"（需要用从句进行回答）可能会使他感到困惑，不知该如何作答。根据这类孩子的语言发展阶段，教师如果问"是什么"问题，孩子更能从中受益，例如提问"这是什么？"可以引导孩子表达特定词汇；提问"它是什么颜色？"可以询问出物体的特征，或提问"它的用途是什么？"可以激发孩子组合词语进行表达。为了支持和促进孩子的语言发展（Ruberg & Rothweiler，2012），教师可以向其提出问题，但对孩子的语言发展产生促进效果的前提是这些问题适合孩子的发展水平，并且教师应循序渐进地提出合适的问题（Vygotskij，1977）。

提出促进语言发展的问题的具体方法

在托幼机构的日常活动中，提问是一个重要的支持孩子语言发展的工具。关键在于教师选择的问题类型、提问的方式以及孩子如何在此过程中参与对话（König，2009；Dannenbauer，1994；Motsch，2010）。在促进语言发展的提问策略中，包含三种问题类型（Altmann，1993）——决策型问题、补充型问题和选择型问题。

决策型问题通常由教师向孩子提出，例如与我们所生活的世界相关的问题（"你也去过……吗"等）。孩子通过对这些问题表达出同意、拒绝或给出答案的反馈，掌控对话的进展，他参与了决策的过程并体验到自我效能，认为自己是对话的积极参与者，从而在自己的语言能力上感受到信心。

教师提出决策型问题体现了敏感响应的教育理念（Remsperger，2013），即教师注意到孩子的信号，并相应地给予回应。如果条件合适，教师应尽可能使用决策型问题来细腻地接收孩子的信号，并为孩子提供所需的解决方案。

通过决策型问题，教师也可以将孩子的注意力引导到日常活动中的某个细节或某个物体的特定特征上，或者在新的语境中开启新的话题。从这点上也可以看出，教师与孩子有共同关注的焦点是进一步互动过程的前提。在此基础上，教师能将注意力转移到孩子的生活和经验里，这反过来又为孩子发展自己的思维和深化对话内容提供了条件。

教师提出**补充型问题**，首先要求孩子已经具备一定的语言水平，能够用语言进行表达，且能运用词汇和句子结构（Levelt，1989；Kannengieser，2009）。通过补充型问题，教师可以引导孩子使用单词、词组或分句。补充型问题对于词汇的学习和扩展尤为重要。通过这些问题，孩子被引导学习命名主语和宾语。教师可以了解孩子是否知道某些专业术语、特征及其属性，从而帮助孩子充实词汇的意义，并建立词汇网络。补充型问题还能促进孩子学习语法结构。例如，可以使用"谁"或"是什么"来提问，孩子可以回答一些简单的名词，教师再进一步提问，鼓励孩子使用正确的语法来表达主语或宾语。提问"为什么"可以引出从句结构，而提问"哪里"（如"他们都在哪里"）则需要通过带有介词的词组（如"在桌子上"）来回答。当教师提出需要以介词来回答的问题时，要考虑孩子的发展水平，循序渐进地提出合适的问题。例如，介词等语法元素可以直接嵌入问题中，提问"在谁的上面""在什么上面"和"在哪里"，以逐步引导孩子使用词组。对处于语言学习初期阶段的孩子，教师需要引导他们理解句子的结构，且应尽量示范准确的语法。例如提问"在什么上面"时，教师要向孩子示范表达对应的介词和相应的物体，如"在桌子上面"，从而指导孩子学习使用正确的介词。

第三种类型是**选择型问题**，它对孩子语言发展的促进体现在语言模型中（Szagun，2011）。这类问题可以支持和促进孩子不同层面的语言发展，例如，习得发音特征（"熊在做什么，是吃还是喝"）、区分新词汇（"锅里是什么，肉还是蜂蜜"）或展示复杂句的结构（"锅是在地上还是在柜子里"）。这种多样性的提问同样需要教师根据孩子的语言发展水平进行调整。因此，选择型问题在早期语言教育中具有特殊的价值。选择型问题能基于孩子语言发展的下一个目标，呈现新词汇和句子结构，并为他们的独立表达做好准备。教师作为孩子语言学习的榜样，向孩子展示了他们能自主掌握的语言结构。在这一过程中，婴幼儿面对大量选择型问题的回答，这便是早期语言学习模仿和无意识学习的过程（Szagun，2011）。特别是对需要语言发展支持的孩子来说，教师提出选择型问题尤为有益。此外，通过选择型问题，教师还可以检查孩子的语言理解水平（Schlesiger，2009）。如果孩子没有理解问题或其中的关键词，他们通常会以教师最后提到的选项来回答。

表 4-1　促进语言发展的三种问题类型(Schönfelder，2015)

问题类型	回答的句型结构	语言教育的焦点	举例
决策型问题	同意或拒绝(是,否)	引导孩子表达某个物品、主题或决定	你想喝点什么? 你刚从花园来吗? 你曾经见过老鹰吗?
补充型问题	简单的名词,或带形容词的补充;带介词的词组,动词位于句末的从句	构建词汇,扩展词汇,习得语法能力(句子结构、动词位置)	谁手里拿着红色的球? 他们在沙池里玩什么? 你可以问谁? 你想把这幅画送给谁? 你可以把车停在哪里? 蜡烛放在什么上面? 你在哪里等?
选择型问题	在提供的可能性中进行选择	理解句子和词汇,理解语法和句子结构	锅里有什么,肉还是蜂蜜? 锅是在地上还是在柜子里?

工作坊:促进语言发展的提问

教研次数:本主题教研分两次举行。

教研目标:理解向孩子提出促进其语言发展的问题的具体策略,尝试在实践中成功应用,且能根据孩子的发展水平选择合适的问题。

第一次教研

材料准备

- 本书内容(第124—126页)
- 记录表和笔(人手一支)
- 视频3《促进语言发展的提问》(无专家评论版)
- 投影仪或大型显示器

活动流程

一、理论学习(10—15分钟)

主持人:(分发阅读材料和记录表4-2)请大家阅读"策略:促进语言发展的提问"的理论部分,基于自己的理解尝试完成记录表。

记录表4-2　"促进语言发展的提问"概念问答

问题	回答
1. 教师适合在什么时候向孩子提出决策型问题?	
2. 补充型问题的提出对孩子语言发展有什么意义?	
3. 选择型问题如何支持孩子的语言发展?	

二、集体交流(10—15 分钟)

主持人组织现场教师集体交流对以上问题的回答,共同讨论关于"促进语言发展的提问"的想法或疑惑。

三、观看视频和讨论(30—40 分钟)

1. 主持人播放视频 3《促进语言发展的提问》(无专家评论版),从开头开始播放到 3:40 暂停。教师在观看视频过程中,可以将自己的想法或感受补充进记录表 4-2。

2. 主持人继续播放视频 3《促进语言发展的提问》(无专家评论版),从 3:40 开始,到 5:50 暂停。请教师重点关注视频中的老师提出的问题。

3. 请教师选出自己喜欢的问题,并在组内分享:为什么你觉得这些问题问得好?

四、制定下一步实践计划(5—10 分钟)

请教师在接下来的一周内与尽可能多的孩子进行对话,使用所有类型的问题(决策型、补充型、选择型),并根据孩子的语言水平调整问题。然后将成功的案例写入记录表 4-3。

记录表 4-3 "促进语言发展的提问"教育实践记录

情况描述	决策型问题	补充型问题	选择型问题	孩子的反应
	☐	☐	☐	
	☐	☐	☐	
	☐	☐	☐	
	☐	☐	☐	
	☐	☐	☐	

第二次教研

材料准备

- 教师在教育实践中完成的记录表
- 本书内容(第124—126页)
- 记录表和笔(人手一支)
- 视频3《促进语言发展的提问》(专家评论版)
- 投影仪或大型显示器

活动流程

一、教育实践分享(30—40分钟)

1. 将教师分组,组内分享各自的教育实践过程,重点分享成功的案例,讨论在实践中产生的疑惑或遇到的问题。

2. 小组成员共同探讨这些问题的解决办法。

二、观看专家评论并交流(15—20分钟)

1. 教师观看视频3《促进语言发展的提问》(专家评论版)。

以下为视频中的专家评论文字:

- **关于"提出问题并等待孩子的回答":老师多等一会儿,等到一个舒适的时刻。**

苏珊·格拉斯曼(Susanne Grassmann)博士:

这是一个非常好的例子,老师提出了一个问题,并耐心地等待孩子回答。可以感受到,她在这里等的时间稍微比一个"舒适的停顿"长一点,只长了一点点!然后她意识到,好的,没有回应,于是给孩子们提供了选择。也就是说,当问题无法直接回答时,她让问题变得稍微简单了一些。她提供了选项,在她想要引入的词汇范围里,给出了两个与触觉有关的词汇——光滑和粗糙,然后把材料递给孩子们,让他们通过触觉去感知。接下来她把水果递给其他孩子,让孩子们真正参与其中。孩子们非常期待去触摸它们,每个人都反复确认:"这是光滑的。""这是粗糙的。"我觉得这是一个很好的结合:提出问题,通过提供选项来简化问题,同时结合触觉体验。

· 关于"将问题的难度调整至符合孩子的语言发展水平"

苏珊·格拉斯曼（Susanne Grassmann）博士：老师必须猜测孩子的意思，并尝试理解孩子的表达。

这里可以再次看到，老师必须猜测孩子的意思！因为孩子说："我们去了巧克力。""好的，我们去了巧克力。"老师试图在自己的头脑中思索，孩子可能指的是什么，并表达自己的猜测。孩子不是完全满意，然后通过一些沟通，使用手势表达："我们去了那里、那里和那里。"这说明，我们并不能总是猜到孩子脑中在想什么，这里如果使用决策型的问题会更好，老师如果能快速想到可能是这个或那个，会让孩子更容易回答问题，然后对问题作出反应。视频中老师使用了开放性问题，对于孩子的语言水平来说很有挑战性。她通过不断地示范答案，来尝试平衡对孩子提出的挑战！

苏珊·格拉斯曼（Susanne Grassmann）博士：老师向小年龄孩子提供示范。

小男孩被问了很多问题，他还不能完全回答，但他们仍然在互动。也就是说，男孩试图回答，老师给了他一些示范，给了他一些选择。老师问了选择型问题，比如"要我倒水还是果汁？"这是一个对这个孩子的语言发展水平来说非常合适的问题。这个问题的提问层次正好符合他的语言发展状态。然后，老师让他自己来倒水，用语言引导他做什么，同时让他理解。通过这种方式，他们开展了互动，实际上也进行了对话。虽然是老师在主导语言，但孩子在很大程度上通过非语言的方式参与了对话。

弗兰齐斯卡·福格特（Franziska Vogt）教授：老师不仅提出简单的问题，也应该提出复杂的问题。这很重要。

孩子完全是自发地开始制作冰激凌。那个东西在那里，他把它放进去，然后走向老师，说："这是一个冰激凌。"老师随后回应。于是，一段非常美好的对话就这样展开了。关于冰激凌的口味，老师在对话中进行了补充并提出建议。孩子自己用行动展示了如何做冰激凌。实

际上,这是一段拥有多样句式的对话。有时内容相当复杂,比如老师说:"如果你把它给我,我不知道你还能不能拿回去。"这句话用的是虚拟语气,且完全是基于当下情景的即兴表达,但对于孩子来说,这仍然是可理解的。孩子停顿了一下,老师便再次解释,说:"我可能会吃掉它。"孩子随后说:"你可以吃的。"所以,我们确实有机会进行这种对话,从非常简单的内容开始,比如"冰激凌",再到"你最喜欢什么?"这些都是很简单的问题。所有的孩子都喜欢巧克力冰激凌,这很符合他们的喜好。同时,还应该有更复杂的问题,两者都要存在。我认为重要的是,作为教育者,不仅要提出简单的问题,偶尔也要问一些复杂的问题,然后再继续深入交流。

- 关于"通过促进语言发展的提问来塑造长对话":**它就像一个三角形,老师参与其中并提出很多开放的为什么。**

弗兰齐斯卡·福格特(Franziska Vogt)教授:

　　我选择了这一段视频,因为它展示了老师和孩子围绕一个主题开展对话,并持续很久。他们在讨论球、黏土和形状。这里表现出对话的三角形框架,物体是对话的中心,孩子们可以提出自己的想法,老师则真正地参与其中。这段对话里有很多"为什么"问题,这些问题是开放性的,比如问"为什么它滚动",或者"为什么它不滚动",不是那种"我问一个问题,但我已经知道答案"的问题类型。

2. 教师分组交流:你最赞同哪位专家的哪段评论? 为什么?

三、教师自测和交流(30分钟)

1. 教师阅读记录表4-4中的描述,在"我确定"和"我不确定"两个选项中做出选择。还可以记录下特别成功的案例,或写下在未来的教育实践中希望注意的事项。

记录表4-4　"促进语言发展的提问"教师自测

	情况描述	我确定	我不确定	备注
1	我会有意识地关注孩子的表达,据此提出一个决策型问题,以获取有关孩子生活世界的信息,并提出进一步的问题(补充型问题)。	☐	☐	

	情况描述	我确定	我不确定	备注
2	我会在扩展词汇时运用补充型问题，鼓励孩子更加详细地描述人物或物体。	☐	☐	
3	我会通过提出深入的问题来支持孩子丰富他们的叙述，例如"猫坐在什么上面？""你们在玩什么？"	☐	☐	
4	对于语言能力较强的孩子，我会问"为什么"问题、"如果……会怎样"问题或"你认为呢"问题，以促进他们的表达。	☐	☐	
5	对于那些很少自己发言的孩子或刚刚学习说话的孩子，我会提出选择型问题。	☐	☐	
6	我会在提问时有意识地停顿，确保孩子有足够的时间来回答问题。	☐	☐	

2. 教师在组内分享各自自测表的内容，讨论是否有把握在实践中实施"促进语言发展的提问"策略。

5 策略:语言建模

本节理论部分由科杜拉·勒夫勒(Cordula Löffler)和纳迪娜·伊特尔(Nadine Itel)撰写。

儿童通过语言的输入以及对他们语言表达的反馈来学习语言。例如,教师可以通过重复孩子的话语,但输出正确的表达和扩展孩子的表达,将孩子的语言引导向新的阶段(Vogt 等,2015,Weinert & Grimm, 2012;Jungmann,2007)。这就是语言建模,它被证明是人类在成长过程中促进语言学习的有效方式(Weinert & Grimm,2012;Fernald & Kuhl,1987)。

相反,如果直接纠正孩子的表达,比如说"这不是'吃',而是'咬'"可能会产生负面效果,如导致孩子感到沮丧,失去说话的兴趣(Ritterfeld,2007)。

语言建模总是能积极地强化孩子的语言表达。教师重复孩子的表达,不仅能表明自己理解了孩子的意思,同时也扩展了孩子的表达。此外,它传达了一种团结的信号,在向孩子表明,他们的话被听到了(Tracy,2008),这有助于保持孩子对语言表达的兴趣和快乐(Siegmüller & Kauschke,2006)。

语言建模的具体方法

已有的研究文献描述了多种语言建模的方法(Dannenbauer,2002;Kannengieser,2009;Motsch,2017)。学者丹南鲍尔(Dannenbauer)将其分为两类,一种适用于孩子能够流畅表达之前,即前置型语言建模方法,另一种适用于孩子能表达之后,即后置型语言建模方法。

前置型语言建模方法尤其适用于促进孩子说话并展示正确的、示范性的表达。例如,当教师用语言表达自己的想法时,可以重复使用相同的词汇,但以不同的变体出现,比如单数、复数、加上冠词或与形容词搭配。当孩子还未完全掌握某些词汇时,这种方法可以让他们多次听到词汇的正确形式。

后置型语言建模方法在与孩子的对话中尤为重要。在直接对话中,教师可以有针对性地对孩子进行反馈。已有研究中提到了三种有助于孩子习得句法结构和语法规则的后置型语言建模方法,即句子扩展、内容扩充和句式重组。

句子扩展:指在句法层面上对句子进行补充。当孩子省略了某些句子成分时,教师要接收并补充他们的表达。例如,孩子说:"妈妈上班。"教师表达:"你的妈妈现在在上班。"

内容扩充:指的是在语义层面对内容进行扩充。教师要接收孩子的表达,并在内容上进行延展。这项语言建模方法的好处是教师可以为孩子引入新的语言元素。例如,孩子说:"这是我放上去的。"教师表达:"你把圆锥放在了架子上。"

句式重组:即教师使用不同的句子结构来表达孩子的陈述。通过重组孩子表达的句式(同样适用于提问的表达），孩子能体验到句子不同的表达方式。例如，孩子说："我开了车。"教师提问："你和谁一起开了车？"

此外，纠正性反馈也是一种后置型语言建模方法，即当孩子的表达有误时，教师并不直接否定孩子，而是重复孩子的表达，但重复的是纠正后的正确表达。例如当 2 岁的孩子说："我小便时马桶坐在屁股上。"教师听到后给予正确的重复："是的，你小便时屁股坐在马桶上。"在这种情况下，成人间接地改进了孩子在表达方面的错误。间接纠正可以涉及单词的发音，即语音-音位层面；或涉及使用不当的词汇或不完整的词汇，即语义-词汇层面；也可以涉及孩子在语法形式上的表达，即形态-句法层面。由于有些孩子在学前阶段可能还不能正确发音、会混淆词汇或在语法使用时遇到困难，要让他们不断地听到正确的表达形式，以便将这些表达纳入自己的语言体系中。

在实践中，我们并不能一直明确区分以上提到的语言建模方法。对于日常教学，重要的是教师根据自己的观察，选择适合每个孩子的策略，通过积极的反馈和语言示范来促进孩子的语言发展（Motsch，2017）。

工作坊：语言建模

教研次数：本主题教研分两次举行。

教研目标：理解语言建模的概念、意义和具体方法，尝试在实践工作中运用。

第一次教研

材料准备

- 本书内容（第 133—134 页）
- 记录表和笔（人手一支）
- 视频 4《语言建模》（无专家评论版）
- 投影仪或大型显示器

活动流程

一、理论学习（10—15 分钟）

1. 主持人：（分发阅读材料）请大家阅读"策略：语言建模"的理论部分，其中涉及具体的方法，详细描述了教师如何给予孩子合适和必要的补充和支持，以引导孩子清晰地表达。《3—6 岁儿童学习与发展指南》中针对目标"愿意讲话并能清楚地表达"提出了教育建议，教师应引导幼儿清楚地表达，通过耐心倾听，给予必要的补充，帮助他理清思路并清晰地说出来。这里提到的具体方法可以看作为对此项教育建议的深入阐述。

2. 主持人分发记录表 5-1，请教师尝试回答以下表格里的问题，教师基于自己的理解完成记录表。

记录表 5-1　"语言建模"概念问答

问题	回答
1. 如何理解"语言建模"这一概念？	
2. 语言建模对孩子语言发展的意义是什么？	

续　表

问题	回答
3. 什么是前置型语言建模方法?	
4. 什么是后置型语言建模方法?	

二、集体交流(10—15 分钟)

主持人组织现场教师集体交流对以上问题的回答,共同讨论关于"语言建模"这一概念的想法或疑惑。

三、观看视频和讨论(25—30 分钟)

1. 主持人播放视频 4《语言建模》(无专家评论版),从开头开始播放到 0:55 暂停。

2. 将教师分组,组内讨论:视频中的老师可以如何回应男孩的表达。

3. 主持人播放完整视频 4《语言建模》(无专家评论版),教师在观看视频过程中,将自己的想法或感受补充进记录表 5-1。

四、制定下一步实践和反思计划(5—10 分钟)

1. 在接下来的教育实践中,教师与班级里还不会说话或很少说话的孩子展开对话。

2. 教师有意识地关注孩子的发言,根据需要间接地补充或纠正,但不能直接纠正,而是要保持对话的持续,例如"啊,我现在明白了,你在做……"通过本节提到的策略来变换对话内容。

3. 教师填写记录表 5-2。

记录表 5-2 "语言建模"教育实践记录

日期	记录重要对话	观察到的孩子反应(从感受和行为的角度)

第二次教研

材料准备

- 教师在教育实践中完成的记录表
- 本书内容（第 133—134 页）
- 记录表和笔
- 视频 4《语言建模》（专家评论版）
- 投影仪或大型显示器

活动流程

一、教育实践分享（30—40 分钟）

1. 将教师分组，组内分享各自的教育实践和反思，讨论在实践中产生的疑惑或遇到的问题。

2. 小组共同探讨这些问题的解决办法。

二、观看专家评论并交流（15—20 分钟）

1. 教师观看视频 4《语言建模》（专家评论版）。

以下为视频中的专家评论文字：

- **关于"纠正性反馈"**：用自己的话纠正孩子所说的话，但不带有训斥的态度。

苏珊·格拉斯曼（Susanne Grassmann）博士：

老师问孩子："画上有什么？"孩子说："消防车。"然后她说："消防员。"我们看不清楚视频中的画上有什么，我猜画上确实是消防员，而不是一辆消防车，所以这里老师纠正了孩子说的话。

对于这个以德语为第二语言的孩子，我没有完全听清楚他说了什么，但老师听清楚了，并理解了孩子想表达的意思，然后用一句德语进行完整地复述，作为示范。这背后展现的其实是老师纠正性反馈的一种方式，即正确地说出该如何表达，而不是直接告诉孩子："你说得不对，应该说……"

- 关于"语言建模"：模仿儿童表达的语言建模方法。

弗兰齐斯卡·福格特（Franziska Vogt）教授：

这段视频显示了，对于以德语为第二语言的孩子来说，看图片是多么重要。他需要一本图画书或者一张图片，才能表达出他想要展示的内容。我们还看到，当老师说"对了"的时候，男孩脸上出现了笑容，或者，当老师满足他的期待时，尽管这并不总是容易做到。当老师说出孩子真正想表达的意思时，他笑得很灿烂。从中我们也可以看出，孩子的理解能力远远高于他能够表达的内容。因此，对于这样的孩子来说，语言建模是非常有帮助的，因为他们或许会通过建模意识到"啊哈，现在是对的"，或者"这并不对"。而且，特别好的是，男孩也坚持让老师正确地表达出自己的意思，而不仅仅是随意敷衍，比如"哦，差不多"。例如，老师以为孩子的意思是"我们去吃巧克力了"，但实际没有去吃巧克力，老师仍然不知道具体去了哪里，因此对话必须继续下去。这种持续的对话对孩子来说非常重要，因为他们能够参与其中，而且，这段对话几乎和之前的对话一样长，特别是当孩子说得不多的时候。这确实很困难，对于以德语为第二语言的孩子来说，将自己的经历融入对话尤其困难。但他们渴望这样做，从这个男孩身上也能看出这一点，他们非常想主动地讲述一些事情，展示一些关于他们世界、他们个人经验的东西。这段对话持续了很长时间，效果很好，因为老师已经了解孩子的家庭情况，基本能够将他想说的内容正确地反馈出来。作为一种深度的反馈，老师的再次重复让孩子看到她确实能够理解自己。对话有时会变得过于抽象，但没有关系，他们总能找到持续对话的方法。

2. 教师分组交流：你赞同哪位专家的评论？为什么？

三、教师自测和交流（30 分钟）

1. 教师阅读以下 6 点，并从"经常这样做"或"没有经常做"中做出选择。如果选择"经常这样做"，简单记录对孩子的观察，并思考是否已经向同事展示过这些做法。如果愿意，教师可写下曾经发生的一个案例，描述当时的情境和孩子们取得的成果。还可以写下在未来的工作中实施这些做法的计划。

记录表 5-3 "语言建模"教师自测

	情况描述	经常这么做	没有经常做	描述孩子的反应
1	我会展示同一个词汇的不同变化,例如带有量词(一艘船)或与形容词搭配(一艘装满的船)①。	☐	☐	
2	我会添加孩子表达中缺少的语法成分来补全他们的句子。	☐	☐	
3	我会使用纠正性反馈,以完整的句子来回应孩子,以正确的方式重复孩子的表达。	☐	☐	
4	作为语言示范,我会为孩子提供正确的语法、语音和语义元素。	☐	☐	
5	我会将孩子的行为或重要的情境用语言表达出来。	☐	☐	
6	我会将孩子的表达进行重组,并以完整句子的形式表达出来。	☐	☐	

2. 教师在组内分享各自自测表的内容,讨论是否有把握在实践中实施"语言建模"策略。

---

① 德语原版关于词汇的变化还包括名词单数、复数和带冠词的变化。此处举例根据中文语境的不同,调整为带有量词的变化。

6 策略：语言转述

本节理论部分由埃尔克·赖希曼（Elke Reichmann）撰写。

在托幼机构的日常生活中，孩子每天会经历大量的交流，他们能借此尽可能地测试自己的语言能力。通过语言转述策略，教师将某些孩子的需求转达给其他孩子，从而支持孩子之间的互动（Reichmann，2015）。当孩子互相交谈时，他们能运用自己的语言能力。与其他孩子的交流很重要，因为孩子之间的沟通通常遵循不同于孩子与成人之间发生的对话模式（Albers，2009）。孩子与同龄人的接触还为他们建立友谊提供了基础。在这些友谊关系中，孩子获得支持，感受到自己是群体的一部分，并被认可为独立的个体。同时，孩子在相互交往中学习到解决冲突的策略以及如何融入同龄人群体。

在这一过程中，孩子逐渐感知到，在不同情境中应该使用哪种合适的语言反应。因此，孩子之间的互动不仅是社会学习的重要组成部分，也是语言学习的关键要素（Ahnert，2003；Licandro & Lüdtke，2013）。

研究表明，语言发展遇到困难的孩子在建立成功的人际关系和友谊方面常常也面临困难。他们更容易被语言能力较强的孩子排斥和回避。为了解决这一问题，教师需要特别重视孩子之间的早期语言交流（Schuele 等，1995；Licandro & Lüdtke，2013）。在教育日常中支持孩子同伴交流的一种方法便是语言转述。

语言转述的具体方法

该策略由舒埃勒等人（Schuele 等，1995）在美国提出，目的是将孩子的言语请求或要求转达给其他孩子。在德语地区，这种语言策略相对不为人知（Albers，2009），尽管它可以在托幼机构的日常生活中被简单地应用。那些不愿直接与其他同伴接触的孩子，往往会向成人寻求帮助，希望成人充当中介。在这种间接交流的过程中，一个孩子向成人提出的请求或询问会被成人转达给另一个孩子。下图展示了语言转述的理想流程。

为了有效实施这种策略，教师可以选择多种方法，这些方法在支持的范围和指导程度上有所不同。为了有效地支持孩子并选择适当的转述方法，有必要了解孩子的语言水平和社会性发展能力。此外，选择合适的转述方法也取决于具体的情境（Rice & Wilcox，1995）。具体的语言转述方法包括示范、建议和提示三种。

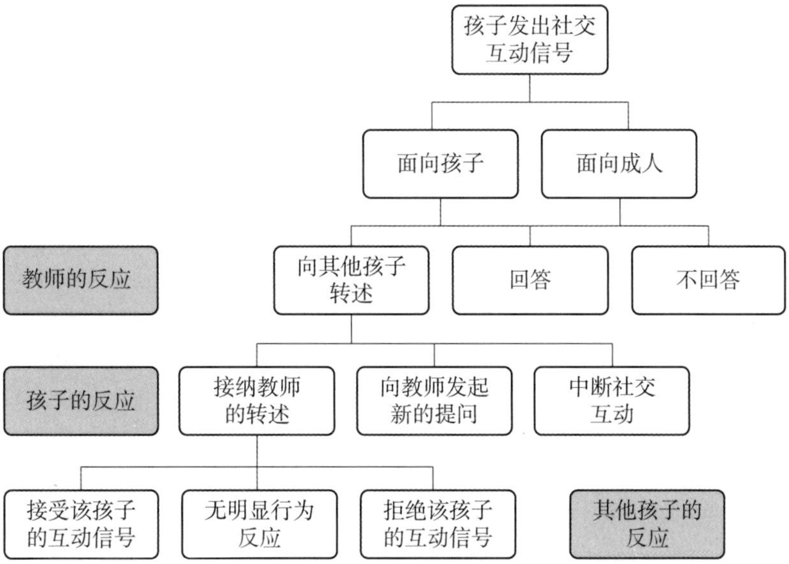

图 6　语言转述流程(Schuele，Rice & Wilcox，1995)

（1）示范

教师示范指的是将孩子的请求转达给另一个孩子。通过这种方法,成人向孩子提供了一个准确的表达方式,孩子可以借此与另一个孩子建立联系。这种方法尤其适用于孩子的语言能力有所局限时。

示范可以帮助孩子应对困难的沟通情境,并练习正确的语言模式。此外,这种方法还支持孩子巩固新学到的语法结构或练习新掌握的词汇(Rice & Wilcox，1995),例如,教师对一个孩子说:"去找明明,对他说'我可以借一下车吗?'"

（2）建议

建议指成人并不给出孩子可以直接使用的具体表述,只是提示其可以向其他孩子提出请求。孩子需要自行找到适合的表达方式来与其他孩子开展语言沟通(Rice & Wilcox，1995)。使用这种方法要求被建议的孩子具备足够的语言能力,且能够独立进行交流,例如,教师向孩子建议:"你去问下明明,你是否可以借用那辆车。"

（3）提示

提示是最具挑战性的语言转述方式,使用此方法时成人的支持和指导程度较低,语言转述的过程完全是间接的。此时,孩子需要具备较好的语感,因为他们不仅需要独立找到合适的表达方式,还需要理解成人传达的意图。例如,教师向孩子说:"明明正在玩车,也许他的车需要清洗。"(Reichmann & Itel，2017)。

工作坊：语言转述

教研次数：本主题教研分两次举行。

教研目标：理解语言转述的具体策略，尝试在实践工作中运用。

第一次教研

材料准备

- 本书内容（第 140—141 页）
- 记录纸和笔（人手一支）
- 视频 5《语言转述》（无专家评论版）
- 投影仪或大型显示器

活动流程

一、理论学习（10—15 分钟）

1. 主持人：（分发阅读材料）请大家阅读"策略：语言转述"的理论部分。该部分重点介绍了具体的科学策略，即教师如何在教室里支持孩子与其他孩子交流，尤其针对 0—3 岁婴幼儿以及需要更多语言发展支持的儿童。《3—6 岁儿童学习与发展指南》中针对目标"愿意讲话并能清楚地表达"提出了教育建议，教师应鼓励和支持儿童与其他孩子交流。本文提出的具体策略可以作为此项教育建议的深入阐述。

2. 主持人分发记录表 6-1，教师基于自己的理解尝试完成记录表。

记录表 6-1　"语言转述"概念问答

问题	回答
1. 请描述什么是"语言转述"？	
2. 语言转述策略对孩子的益处是什么？	

问题	回答
3. 请写出学习资料中涉及的语言转述的例子。	

二、集体交流(10—15 分钟)

主持人组织现场教师集体交流对以上问题的答案,共同讨论关于"语言转述"这一概念的想法或疑惑。

三、观看视频和讨论(25—30 分钟)

1. 主持人播放视频5《语言转述》(无专家评论版),教师在观看视频过程中可以将自己的想法或感受补充进记录表 6-1。
2. 教师组内分享自己的记录和感受。
3. 教师基于视频中涉及"建议"的示例情境,使用"示范"和"提示"的方法各举出一个例子,然后组内分享交流。

四、制定下一步实践和反思计划(5—10 分钟)

1. 在进餐环节,孩子之间可能会发生交流。请教师在接下来的教育实践中观察孩子在进餐环节的交流情况,并留心自己在哪些情况下使用了语言转述策略的三种方法(示范、建议和提示),以及在什么情况下不宜使用语言转述策略。
2. 教师填写记录表 6-2,写下自己的观察和思考。

记录表 6-2　"语言转述"教育实践记录

日期	情况描述	备注(教师使用的语言转述策略)

教师反思:哪些情况下不宜使用语言转述策略? 请收集案例。

第二次教研

材料准备

- 教师在教育实践中完成的记录表
- 本书内容(第 140—141 页)
- 记录表和笔(人手一支)
- 视频 5《语言转述》(专家评论版)
- 投影仪或大型显示器

活动流程

一、教育实践分享(30—40 分钟)

1. 将教师分组,组内分享各自的教育实践和反思,讨论在实践中产生的疑惑或遇到的问题。

2. 小组成员共同探讨这些问题的解决办法。

二、观看专家评论并交流(15—20 分钟)

1. 教师观看视频 5《语言转述》(专家评论版)。

以下为视频中的专家评论文字:

- **关于"语言转述":是否成功运用语言转述策略,取决于具体情境。**

苏珊·格拉斯曼(Susanne Grassmann)博士:

这个视频中有一个点值得我们讨论,这是孩子之间发生的一次很好的合作,老师为他们提供了支持,使用了语言转述策略。老师建议孩子去问另一个孩子:"你可以问问他,他是不是也找到了这样的板子。"我们可以看到,语言转述在这里发挥了最佳效果。被问的那个孩子,其实没听到老师说了什么,但他接受了老师的建议,说:"我去问他",并且确实按照老师的建议表达了出来,然后两个孩子之间展开了一段对话。这就是语言转述策略最好的运用方式。

弗兰齐斯卡·福格特(Franziska Vogt)教授:

我认为你是对的,在最开始的时候它起作用了。其实它也可能不发生,这也是运用语言转述策略的难点所在。因为从实际来说,乐高箱子并不属于那个穿蓝色 T 恤的男孩,穿红色 T 恤的孩子可以过去找块板子。因

此，我觉得很好，他如老师所建议的那样尝试了，这很棒。对穿红色 T 恤的男孩来说，这是一次很好的语言表达机会。对穿蓝色 T 恤的男孩来说，被询问的感觉也很好，不是单纯地有人过来直接拿东西。后面的发展其实就不需要了，因为孩子的目标已经达成。运用语言转述策略需要考虑具体的情境，不是所有事都需要询问，否则孩子会疯掉。因此，后来当这个策略不再起作用的时候，老师也没有强求，这点很好。

苏珊·格拉斯曼（Susanne Grassmann）博士：

我觉得这段视频特别好的一点是，我们可以看到两个例子。一个是策略起作用的场景：当被询问的孩子没有听到老师说什么，在这种情况下，语言转述策略能起作用。另一个例子是不起作用的场景，三个孩子都围着箱子坐着，但老师还是建议："你问问他吧！"孩子们已经在自己能听到的距离内听到了老师的表达，在这种对话逻辑中，老师完全没有必要使用该策略，不需要建议孩子去问其他孩子。因为，孩子已经从家庭环境中通过自然的语言交流习得了对话逻辑，并将它带到学校中来。我们时常会忽视这一点：在学校里，（孩子已经习得的）自然的对话逻辑已然存在。当然，学校情景中的对话有时和家里的不一样，孩子们有时尚未理解或接受这些对话逻辑。例如在教育环境中，有时我们会使用某种教育策略，与孩子进行对话，这使得语言转述策略在此处并不能促进孩子的语言发展。

- **关于"给孩子语言提示"：当有些孩子还无法想象某个情境，老师指出信息缺口并由此支持孩子转换视角是很有帮助的。**

弗兰齐斯卡·福格特（Franziska Vogt）教授：

这是一个非常能展示语言转述的例子。如果内容非常抽象，位于元认知层面上，其他人可能无法理解，那么孩子需要提示。如果出现了孩子可能还无法做到的情况，比如无法设身处地为他人着想，并自己选择合适的语言表达。那么，老师需要给出一个具体的建议，比如对孩子说，你可以这样说，或者那样说。如果这是一

个以德语为第二语言的孩子，那么教师给他一个语言表达的模型是有帮助的，即直接给出他可以对其他孩子说的句子。这是在对话中发生的，非常自然，它不是命令，而是一种选择，如"去告诉他说，我需要这个或者那个"。实际上，我们要根据孩子的能力和具体情境，在三个层次之间不断调整语言转述策略的表达方式！

2. 教师分组交流：你赞同哪位专家的哪段评论？为什么？

三、教师自测和交流（30 分钟）

1. 教师阅读以下 5 点，并在"我确定已做到"和"我不确定已做到"中做出选择，然后在备注中写下自己对此的思考。

记录表 6-3 "语言转述"教师自测

	描述	我确定已做到	我不确定已做到	备注
1	当一个孩子向我提出请求时，我会尝试不直接处理或完成这个请求，而是鼓励孩子尝试自己解决问题。	☐	☐	
2	当一个孩子向我提出请求时，我会建议他可以对另一个孩子说些什么。	☐	☐	
3	如果孩子第一次尝试与另一个孩子接触，但没有成功，我会向他展示可以与其他孩子开展语言接触的其他方法。	☐	☐	
4	我会鼓励孩子在与另一个孩子玩耍时进行对话。	☐	☐	
5	我会根据情况适当地使用各种形式的语言转述策略（示范、建议、提示）。	☐	☐	

2. 教师组内分享各自自测表的内容，讨论是否有把握在实践中实施"语言转述"策略。

7 应用：以语言支持数概念发展

学习新词汇并将其归纳成整体概念是儿童的一项重要学习目标。在与周围环境的真实互动中，儿童学习到这些概念所代表的意义，并将其与其他概念建立联系，所有这些概念形成了语义网络。语义网络是一种认知模型。理论上，它由所有获得的概念及其相互之间的联系组成，类似于思维导图。在语言学中，概念之间的关系，通过上位词和下位词的连接来描述，例如，上位词"水果"与下位词"苹果"相关联。当儿童在日常生活中听到一个概念时，会将它与其他已建立联系的概念相关联，将该词融入自己的语义网络中。

为此，儿童需要各种情境，在这些情境中，他们可以接触不同的内容领域和活动，或从不同的角度看待现有材料及相关的语言概念。例如，一个包含各种测量工具的游戏环境，如秤或折叠尺，以及足够数量的相同材料，可以激发儿童进行数学实验。教师常常向儿童提出数学问题，如估算问题，或展现各种有趣的模式（数概念），将有助于儿童建立或巩固与数学相关的思维和概念（Fthenakis，2014）。

如同这个世界的许多其他方面的知识一样，儿童是在与同伴和教师之间互动的情境中学习数学的。但前提是他们首先要接触到与之相关的内容领域。

研究证实，有目的地支持学前儿童学习数量和数字对他们的数学能力有积极影响（Krajewski Nieding & Schneider，2008）。还有研究发现，在为儿童提供相关的支持环境时，相比于参与训练模式的课程，融入游戏的学习方式能显著地提高儿童的学习成果（Hauser-Vogt Stebler & Rechsteiner，2014）。研究结论表明，早期数学教育应减少成人的特定指导，采取游戏的形式，通过教师在游戏中设定特定的学习目标，促使儿童取得显著的学习进步。克利巴诺夫等人指出，家庭背景对儿童的数学能力有着重要影响（Klibanoff，2006）。此外，在日常生活中频繁建立数学语言概念之间的联系，有助于儿童获得更丰富的数学知识。

数学无处不在，实际上，儿童从出生起就在自己生活的环境中遇到各种数学现象，他们对各种不同的形状、图形、模式、规律以及秩序感兴趣（Fthenakis，2014）。因此，在托幼机构的环境创设中，教师需要涵盖多个数学领域的内容，识别日常生活情境中与数学相关的内容，在与儿童的互动中利用这些内容（Gasteiger & Benz，2016；Schuler，2013；Seeger，Holodynski & Roth，2018）。

数量、数字和运算

数学基础能力中的数量和数字包括孩子对数量的理解、计数能力和数字知识（Hauser，Vogt，Stebler & Rechsteiner，2014）。儿童在早期就能识别数量，随着年龄增长，他们还会将具体的数量与数字相对应，这意味着，他们知道小数字表示小数量，大数字表示大数量。较小的数量可以通过观察来识别，而较大的数量则需要计数（Grassmann，2010）。判断一个数字是否大于另一个数字,需要对数量和数字进行具体比较,即理解数量关系(Krajewski,Nieding & Schneider,2008)。在托幼机构中,儿童会接触到各种数字和符号以及大量相同类型的材料,如纽扣、盖子、杯子、骰子或勺子。通过在游戏和日常生活情境中的操作,如添加、合并或移除,儿童可以建立起对基本运算的理解(Benz,Peter-Koop & Grüßing,2014)。

大小和测量

儿童在出生的第一年就开始接触测量,例如比较不同物体的高度和长度,尽管他们尚未具备实际测量的能力。例如,儿童会发现他们可以从最低的架子上拿到一个物品,但无法从最高的架子上拿到另一个物品(Grassmann,2013)。测量的范围包括长度、重量、面积、体积、时间和金钱(Benz,Peter-Koop & Grüßing,2014;Grassmann,2010)。在这个过程中,儿童体验到的丰富实践经验是显而易见的。儿童认识不同的尺寸并对其进行简单的测量操作,有助于他们将专业术语与不同的大小进行匹配(Koch,Schulz & Jungmann,2015)。他们可以使用测量工具,如各种类型的秤、直尺或刻度尺等来比较不同的事物。

空间和形状

儿童从出生开始就能看到各种几何图形,如圆形和方形。他们的思维发展有赖于具体的、可见的材料。随着词汇量增长,儿童可以用更细致的术语来命名各种物体。为儿童的空间定位以及他们与他人或物体的空间关系给予明确的语言支持,这对儿童的发展特别有帮助(Grassmann,2013;Benz,Peter-Koop & Grüßing,2014;Koch,Schulz & Jungmann,2015)。

模式和排序

所有数学领域内容都基于对模式和结构的识别,即识别可重复的规律(Grassmann,2013;Koch,Schulz & Jungmann,2015)。儿童识别这些反复出现的"数字、形状、动作和行为模式"(Benz,Peter-Koop & Grüßing,2014)对自己后续学习过程至关重要(Koch,Schulz & Jungmann,2015)。在教育实践中,教师可以在教学游戏中嵌入视觉形式的模式(如条纹斑马的图片)、听觉形式的模式(如拍手和敲击)以及运动形式的模式(如舞蹈中的动作)(Benz,Peter-Koop & Grüßing 2014)。

在这些数学领域的学习过程中,语言教育和数学教育是紧密联系的。一方面,儿童的词汇量得以扩展;另一方面,成人通过语言解释、传授数学规则和规范(Ginsburg,Lee & Boyd,2008)。研究表明,儿童的语言能力与数学能力之间存在规律性的联系,语言能力强的儿童通常在数学能力上也表现良好。因此,语言教育也是将数学内容传授给儿童的工具。而儿童需要整个社会性环境的支持,通过社会共同体来传递这些内容,理解数学规则和知识的复杂性,同时习得语言。在这个环境中,儿童不必担心犯错,成人鼓励他们尝试新事物、参与决策、表达想法,并鼓励他们进一步发展这些想法(Fthenakis,2014)。

工作坊：以语言支持数概念发展

教研次数: 本主题教研分两次举行。

教研目标: 尝试在一日生活中以语言支持孩子数概念的发展。

第一次教研

材料准备

- 本书内容(第 147—148 页)
- 记录纸和笔
- 空白的海报纸和记号笔若干
- 视频 6《以语言支持数概念发展》
- 投影仪或大型显示器

活动流程

一、热身讨论(10—15 分钟)

请教师在团队或小组中讨论:托幼机构中的数学教育是否有必要? 如果有必要,孩子是在以教师为主导的活动中体验更好,还是在自由游戏中学习更好? 请说明自己的理由。

二、理论学习(10—15 分钟)

主持人:(分发阅读材料和记录表 7-1)请大家阅读"应用:以语言支持数概念发展"的理论部分,基于自己的理解尝试完成记录表。

记录表 7-1　"以语言支持数概念发展"概念问答

问题	回答
1. 学前教育阶段常见的数概念有哪些?	
2. 数学教育和语言教育如何紧密关联?	

三、观看视频和讨论(25—30 分钟)

1. 主持人播放视频 6《以语言支持数概念发展》,教师在观看视频的过程中,可以将自己的想法或感受补充进记录表 7-1。

2. 请教师记录:视频中哪里出现了语言教育和数学教育的关联?

3. 教师分享交流自己的观察。

四、联系实践(20—30 分钟)

请教师思考:如何在一日生活中加强孩子的数学学习。然后在小组中交流和探讨自己的思考,并将讨论的结果梳理在海报纸上,张贴在墙面上。

五、制定下一步实践和反思计划(5—10 分钟)

1. 在合适的情境下,请教师与孩子一起探讨以下与测量和大小相关的问题。

问题 1:这间房间有多高?需要多少个孩子叠在一起才能触碰到房间的天花板?

首先需要确定幼儿园房间的高度,教师请孩子进行估算。然后,一个孩子用折叠尺测量房间高度(可以借助梯子),另一个能写字的孩子将结果记录下来。教师需要特别注意,确保站在梯子上的孩子的安全。

教师取等同测量结果的胶带,将其粘贴在活动室的地板上。请多个孩子躺在地板上,贴着胶带,头脚相接,然后回答需要多少个孩子才能覆盖地上的胶带。其他孩子从旁观察整个过程。每个孩子都要在地板上躺过一次,并从旁观察过一次。

问题 2:我们所有人的身高加起来有多少?

孩子躺在纸上,将身体轮廓描绘在纸上,然后将其剪下来。再使用卷尺测量剪下的轮廓,将结果写在纸上。

之后,大家可以将所有的身体轮廓粘成一幅长卷,在户外铺开。大家用卷尺测量这幅长卷的长度。

其他有趣的问题:这个房间有多宽?一只兔子或一只青蛙需要跳跃多少次才能从房间一侧跳到对面另一侧?

2. 请教师想一想,在这些活动中使用了哪些数概念,填入记录表 7-2。

记录表 7-2 "以语言支持数概念发展"教育实践记录

	使用到的数学术语
数量、数字和运算	
大小和测量	
空间和形状	
模式和排序	

第二次教研

材料准备

- 教师在教育实践中完成的记录表
- 本书内容（第147—148页）
- 记录纸和笔（人手一支）
- 视频6《以语言支持数概念发展》
- 投影仪或大型显示器

活动流程

一、教育实践分享(40—60分钟)

1. 将教师分组,在组内分享各自的教育实践和反思,讨论在实践中产生的疑惑或遇到的问题。

2. 小组成员共同探讨这些问题的解决办法。

3. 教师根据讨论和反思的话题与需求,灵活选择是否再次观看视频。

二、教师自测和交流(30 分钟)

1. 请教师阅读以下描述,然后从 6 个选项中做出选择。如果愿意,可以在右栏中记录自己未来工作中实施该描述需注意的事项。

记录表 7-3 "以语言支持数概念发展"教师自测

	描述	从不	很少	有时	经常	几乎总是	总是	备注
1	我会在日常生活情境中与孩子讨论数学内容,并扩展他们的词汇量。	☐	☐	☐	☐	☐	☐	
2	我会支持孩子自主使用数学领域的术语,并有意识地提出(追问)问题。	☐	☐	☐	☐	☐	☐	
3	我会与孩子共同思考数学问题,并有意识地提供帮助,帮助他们找到正确的答案。	☐	☐	☐	☐	☐	☐	
4	孩子和我都会投入到涉及数概念的理解、发展和寻找解决问题的活动中。	☐	☐	☐	☐	☐	☐	

2. 教师组内分享各自自测表的内容,讨论是否有把握在实践中实施"以语言支持数概念发展"。

8　应用：以语言陪伴日常情境

如本章第 1 节所述，融入日常的语言教育是涵盖所有语言发展和教育领域的综合措施。其目标是尽可能在日常生活的各种教育情境中个性化地支持和促进儿童的发展（Kammermeyer & Roux，2013；Fried，2013；Kucharz，Mackowiak & Beckerle，2015）。

日常生活中的教育情境蕴含在孩子入园、游戏、被家长或监护人接离园等各个环节中。这些发生日常生活中的惯例，例如孩子到达幼儿园时的仪式、进餐和卫生照料以及在花园里散步、游戏等，都提供了无数语言交流的机会。所有孩子与教师共同关注的时刻，都是他们语言发展的理想时机（Küper，2007）。但这并不意味着成人要面对孩子不停地说话。相反，教师应作为孩子的语言榜样，根据孩子的发展水平，通过手势、图片、符号、文字或重复的句子结构等不同的方式来支持他们的语言发展（Kuchartz，2015）。此外，充满趣味的语言会给孩子带来快乐的体验，教师可以让孩子成为真正的语言游戏者，即可以通过意外的结尾变化、加入小押韵、改变语音或语调变化重复的句子结构，创造出新的词语组合。所有这些都可以出现在教师陪伴孩子活动时发生的对话中，在师幼互动中，成人和孩子通过重复和扩展等策略巩固语言的习得（Küper，2007）。

为孩子提供促进语言发展的环境会激发他们的表达欲望。教师应尽可能为孩子提供多样化的有助于语言习得的材料。例如，孩子在角色扮演区不仅可以找到电话，还可以发现各种样式的手机或平板电脑等。教师还可以充分发挥想象力，为孩子提供可理解的图示和标注，它们都能起到辅助作用。一个富有刺激且多样化的环境能为教师与孩子开展个性化对话提供机会，能促进并深化孩子的社会互动。

但是，要注意：只有在不打扰孩子当前活动的情况下，日常生活中的教育情境才能作为语言教育的契机。在任何教育活动中，孩子都不应被禁止说话，并且教师应及时回应孩子的表达（Walter-Laager 等，2018；Tietze 等，2016；Tietze 等，2017）。此外，本章提到的所有日常生活中的语言教育策略不应被孤立地使用，而应根据具体情境加以灵活组合。同时，成人在使用语言时要敏感地注意到涉及性别和文化差异的适宜表达（Maywald，2015；Keller，2011）。

入园和离园环节的交流

入园环节为教师提供了与每个孩子接触和互动的机会。有的孩子可能还很疲倦或需要一些时间适应，教师在陪伴孩子的过程中可以用语言讲述孩子的行为或情绪状态（Laukötter，2007）。

进餐环节的交流

长期以来，餐桌上的规则是"吃饭时不说话"。而如今，共同用餐的情境被视为为孩子提供多样化语言交流的机会，餐桌上的对话和仪式感为孩子提供了跨文化交流的可能性。进餐时，教师不应忽略与孩子开展感官经验上的讨论，尤其小年龄孩子主要是通过感官体验来学习的。午餐或点心时间能成为孩子表达和发展包含味觉在内的感官的重要教育情境(Dietrich,2016)。例如,孩子体验饥饿或饱胀的感觉以及感受这些感觉的身体位置(Gutknecht & Höhn,2017)。采用每 4—5 个孩子为一组或坐一个小桌用餐的形式,能为孩子提供讨论所有可能话题的机会(Landrichinger & Putz,2018)。

卫生照料环节的交流

在托幼机构中存在着大量卫生照料环节,例如教师陪伴孩子如厕、洗手或在夏日涂抹防晒霜。这时常常会出现教师与孩子一对一或一对多的场景。卫生照料、日常生活或自由游戏环节,非常适合教师与孩子讨论各种话题,适合教师个性化且敏感地回应孩子的语言交流信号。敏感的回应体现在教师与孩子之间发生的对话,即教师敏感地回应孩子的语言表达、需求和兴趣。换句话说,教师能感知到孩子的语言和非语言信号,并在行动中予以回应。教师给予孩子足够的关注,注重互动交流,并适应孩子的(语言)节奏。通过教师的肢体语言和语调表达出对孩子的尊重和兴趣(Rehmann,2016)。

户外活动或散步环节的交流

户外或花园中的活动也为孩子提供了刺激语言发展的契机。无论是观察和描述户外发生的事情,还是发现藏在石头下的小昆虫,这些不断重复的情境对孩子体验与成人的互动非常重要(Haug-Schnabel & Bensel,2017)。

过渡环节的交流

针对过渡环节而言,特别重要的是教师对环境的准备、人员的分工和组织层面的考虑。如果对这些环节考虑周到,过渡环节就几乎不会出现压力和匆忙。孩子也可以积极地参与过渡环节,并在此过程中体验参与感(Walter-Laager 等,2018)。在托幼机构中,孩子能在多大程度上参与活动主要取决于教师,教师决定是否以及何时采纳和考虑孩子的兴趣和想法,并将其融入教育日常中(Hansen,Knauer & Sturzenhecker,2011)。在时间允许的情况下,过渡环节特别适合成人与孩子进行简短的对话并激发孩子的思考。

工作坊:以语言陪伴日常情境

教研次数:本主题教研举行一次。

教研目标:尝试在日常生活的各环节开展语言教育。

材料准备

- 本书内容(第153—154页)
- 记录纸和笔(人手一支)
- 空白的海报纸和记号笔

活动流程

一、热身讨论(10—15分钟)

请教师在集体或小组中讨论:你对语言教育的理解是什么样的?语言教育与单纯的"跟孩子闲聊"有何区别?

二、理论学习(10—15分钟)

1. 主持人:(分发阅读材料)请大家阅读"应用:以语言陪伴情境"的理论部分。通过融入日常的语言教育,能有效达到《3—6岁儿童学习与发展指南》中支持不同年龄段和不同发展水平的孩子倾听和表达的目标,尤其体现在日常生活环节给予孩子足够的机会和时间,与他们交谈,让孩子体验到语言交流的乐趣。

2. 主持人分发记录表8-1,教师基于自己的理解尝试完成记录表。

记录表8-1 "以语言陪伴日常情境"概念问答

问题	回答
1. 教师可以在一日生活中的哪些环节以语言陪伴孩子?	
2. 在一日生活的不同环节,教师需要注意的分别是什么?	

三、联系实践(15—20 分钟)

请教师在组内分享大家在日常生活中开展语言教育的成功案例,然后将不同的想法或思路罗列在海报纸上。最后将海报纸张贴在墙面上。

四、对实践的反思(25—30 分钟)

1. 教师观察记录表 8-2 中不同的情境和对话主题。考虑在什么情境下适合与孩子开展哪些主题的对话? 将它们用线连接起来。

记录表 8-2 "以语言陪伴日常情境"教育实践记录-1

日常生活情境	对话的主题
入园和离园环节 讲餐环节 卫生照料环节 户外活动或散步环节 过渡环节	左和右 衣服 上周末 天气 最喜欢的玩具 冷和热 我已经能做…… 味道 感受 游戏 正义 押韵游戏① 最喜欢的笑话 猫 ———————— ———————— ———————— ————————

2. 教师可以在上述记录表右侧的横线上扩充更多的对话主题。

3. 思考以下问题并在记录表 8-3 上写上自己的答案。

---

① 德语原版此处的示例为 Papagei und Mamagei,这个游戏要求大家轮流说出的词汇有一样的词尾。在中文语境中,可以将押韵游戏理解为以相同字为韵尾的词语游戏,例如小红花、牵牛花、大荷花、菊花。

记录表 8-3　"以语言陪伴日常情境"教育实践记录-2

1. 教师如何与孩子开始对话？
2. 教师提出的第一个问题可以是什么？

4. 教师在组内交流各自的反思,讨论各自的疑惑。

5. 小组成员共同探讨这些问题的解决办法。

五、教师自测(10 分钟)

1. 在融入日常生活的语言教育中,幼儿园里的乐趣、快乐和创造力也不应被忽视。请教师阅
   读以下描述以及在"我和同事视情况而定"的"是"和"否"等选项中做出选择。如果愿意,
   可以在右栏中记录自己在未来工作中实施该描述需注意的事项。

记录表 8-4　"日常生活环节的语言教育"教师自测

	描述	是	否	我和同事视情况而定		备注
				是	否	
1	我在日常生活中常常为孩子提供歌曲、韵律游戏和手指游戏。	☐	☐	☐	☐	
2	我在日常生活中经常使用语言开展实验和游戏(例如模仿动物声音、说好玩的词汇、绕口令等)。	☐	☐	☐	☐	
3	我会随时为孩子提供促进他们听觉感知的活动(例如听救护车的警报声、定位声音、区分声音的强弱等)。	☐	☐	☐	☐	

续　表

	描述	是	否	我和同事视情况而定 是	我和同事视情况而定 否	备注
4	我会灵活地利用各种情境来扩展孩子的词汇量（例如玩用肢体动作表演词汇等）。	☐	☐	☐	☐	
5	根据情境，我会做出夸张的面部表情、发出不同的声音或鼓起腮帮子（这有助于提升口腔的灵活性）。	☐	☐	☐	☐	

9 应用：以语言促进共享思维

在英国的托幼机构中，有研究发现教育质量的高低与教师和儿童之间进行的对话质量存在显著性相关。研究者观察到，在这些机构中，教师与儿童进行的持续对话能够引发共同的思维过程（Siraj-Blatchford & Sylva，2004）。儿童提出一个话题后，教师接收到话题并与他们一起进一步探讨。伊拉姆·西拉杰-布拉奇福德（Iram Siraj-Blatchford）在这一背景下创造了"持续性共享思维"（sustained shared thinking）概念。类似的概念还有"有意识的、对话中发展的思考过程"（König，2010），这一概念更加注重对话过程中成人的指导性（Vogt，2015）。

共同关注的焦点

正如本章第1节所述，持续性共享思维指的是对一个主题进行共同深入思考、分享、讨论及扩展的过程，这一过程的特征是儿童与教师之间的互动对话。通过对话，教师和儿童可以一起发现和解释最初未知的现象或问题。教师会向儿童提问，例如"这是怎么发生的？""你怎么认为？""如果这样会发生什么？"他们与孩子进行交流，激发新的兴趣，在理想的情况下这能深化儿童现有的知识（Siraj-Blatchford 等，2002）。

持续性共享思维能够激发儿童的（认知）思维过程，已有研究证实其与儿童的语言发展进步之间存在显著性相关（Wirts，Wildgruber & Wertfein，2017）。此外，研究结果还显示，儿童在共同的思考过程中能够开放而灵活地对教师的各种语言和行为作出回应（Hildebrandt 等，2016）。

因此，可以看出，仅仅让孩子听故事、看图画书或倾听他们的表达是不够的。如果想产生共享思维的语言教育契机，一方面需要教师和孩子有共同关注的焦点，另一方面需要教师和孩子都能主动参与其中。在对话中，教师有意识地设置停顿的行为具有特别重要的意义，既给孩子留出回答的空间，又能使教师有时间更好地关注孩子发出的信号（Gutknecht，2015）。而"是否"以及"如何"在幼儿园日常生活中产生教师与孩子共享思维的过程，取决于教师。教师必须通过观察来识别儿童的兴趣，并在相应的情境中做出适当的反应（Walter-Laager 等，2018）。

接纳孩子感兴趣的话题

教师接纳孩子感兴趣话题的好处在于，教师和孩子的对话能建立在孩子已有的语言和行动水平之上，同时增强孩子的个人兴趣。因此，教师接纳孩子感兴趣的话题是构建共享思维过程的开始。这个过程无法遵循固定或标准化的流程，它需要变化和支持创造性的空间。尤其对于日常生活中发生的探索数学或科学的教育契机而言，教师通过共享思维过程来引导孩子理解数概念之间的关系（Vogel，2008）。例如，教师可以与孩子一起探讨、扩展和实验有关大小、数量、概率或重力等概念。共享思维过程还能刺激孩子的智力发展，通过教师有意识的语言支持，孩子的社会情感发展和语言发展都会得到促进（Anders & Wieduwilt，2018）。在实施过程中，教师也可以主动地提出自己的猜测和想法，但首先应该让孩子有机会表达他们的意见和观点（Hildebrandt & Dreier，2014）。

决定"是否"以及"如何"在幼儿园的日常生活中创建共享思维的契机取决于教师。教师通过观察来识别孩子的兴趣，并在相应的情境中作出合适的反应（Walter-Laager 等，2018）。高质量的共享思维过程还基于师幼之间形成的关系、孩子的参与权以及教师对孩子的尊重，这些是教师通过对话刺激孩子认知发展和各领域进一步发展的基础（Hildebrandt & Dreier，2014）。

工作坊:以语言促进共享思维

教研次数:本主题教研分两次举行。

第一次教研:理解以语言促进共享思维的概念,尝试在实践工作中运用。

第一次教研

材料准备

- 本书内容(第 159—160 页)
- 记录纸和笔(人手一支)
- 白纸
- 视频 7《以语言促进共享思维》(无专家评论版)
- 投影仪或大型显示器

活动流程

一、理论学习(10—15 分钟)

1. 主持人:(分发阅读材料)请大家阅读"应用:以语言促进共享思维"的理论部分。引入"持续性共享思维"概念可以丰富和进一步深化《3—6 岁儿童学习与发展指南》中关于儿童语言发展的目标,教师通过提问、讨论和引导,帮助儿童在互动中逐步构建和巩固他们的语言技能和认知结构。同时,这一概念与《3—6 岁儿童学习与发展指南》中提到的个性化教育理念高度契合,能促进儿童在个体差异下的全面发展。

2. 主持人分发表 9-1,教师基于自己的理解尝试完成记录表。

记录表 9-1 "以语言促进共享思维"概念问答

问题	回答
1. 请描述"持续性共享思维"这一概念的含义。	
2. 请举一个日常工作中与孩子进行持续性共享思维的例子,或如何在实践工作中加以应用。	

二、集体交流(10—15 分钟)

主持人组织现场教师集体交流对以上问题的回答,共同讨论关于"语言促进共享思维"的想法或疑惑。

三、观看视频(30—40 分钟)

1. 主持人播放视频 7《以语言促进共享思维》(无专家评论版),教师在观看视频过程中,可以将自己的想法或感受补充进记录表 9-1。
2. 请教师观看视频两遍,在白纸上记录视频中自己特别喜欢的内容。
3. 将教师分组,组内分享各自的记录和感受。

四、制定下一步实践和反思计划(5—10 分钟)

1. 请教师在接下来的教育实践中,选择一个有趣的场景,提出一个好玩的问题,例如:为什么飞机可以飞行? 斑马线为什么叫斑马线? 花为什么有气味? 人体骨骼有什么用? 然后尝试与孩子开展共享思维的对话。
2. 在记录表 9-2 中写下一个案例,主要记录主题、对话导入环节提出的问题、对话持续和追问时涉及的问题以及孩子对此给出的有趣表达。

举例:针对话题"鸟儿睡觉时为什么不会从树枝上掉下来"开展的共享思维对话。

教师在窗外安装了一个鸟类喂食器,三个孩子透过窗户观察鸟儿,鸟儿在喂食器和周围的树木间飞来飞去。教师坐在孩子旁边,与他们一起观察这一过程。

导入对话: 教师与孩子开始对话

- 如果某个孩子提出了其他问题,教师可以将其暂时搁置,例如"嗯,你提出了一个好问题,那么为什么鸟儿在睡觉时不会从树枝上掉下来?"
- 教师可以个人疑问的角度提出问题,例如"我一直在想,为什么鸟儿在睡觉时不会从树枝上掉下来,你们觉得是为什么?"
- 教师也可以通过幻想情境引出话题,例如"想象一下,如果鸟儿在睡觉时会从树枝上掉下来,那会发生什么呢?"

持续对话:

- 进一步提问:如果教师不太理解孩子的回答,可以进一步提问,例如"你具体指的是什么?"
- 提供纠正性反馈:在适当的时候进行反馈。
- 认真对待孩子的观点:无论如何教师都应认真对待孩子的思考,例如"如果是这样的话,那么……"

追问：

- 教师询问个别孩子的具体意见，例如"你认为那样的话会发生什么？"
- 提出新的假设，例如"如果鸟儿在睡觉时会从树枝上掉下来，会发生什么？"有的孩子会回答："如果鸟儿从树上掉下来，它们可能会受伤。"教师继续追问："你认为还可能会发生什么？"
- 教师清晰表达自己的思考，让孩子参与到自己的思考过程中，例如"我在想，鸟儿怎么才能牢牢抓住树枝呢？"
- 教师提出反问，例如"我们怎么知道鸟儿在睡觉时真的不会从树枝上掉下来？"或改进自己的想法，例如"更准确地说，它们可以用爪子紧紧抓住树枝。"

通过这种共享思维的对话，教师可以帮助孩子深入理解鸟儿如何保持在树枝上的姿势，并促进他们的思维发展。

记录表 9-2　"以语言促进共享思维"教育实践记录

主题	
导入对话时提出的问题	
持续对话和追问时涉及的问题	
孩子对此给出的有趣表达	

第二次教研

材料准备

- 教师在教育实践中完成的记录表
- 本书内容（第 159—160 页）
- 记录纸和笔（人手一支）
- 视频 7《以语言促进共享思维》（专家评论版）
- 投影仪或大型显示器

活动流程

一、教育实践分享(30—40 分钟)

1. 将教师分组,组内分享各自的教育实践和反思,讨论在实践中产生的疑惑或遇到的问题。

2. 小组成员共同探讨这些问题的解决办法。

二、观看专家评论并交流(15—20 分钟)

1. 教师观看视频 7《以语言促进共享思维》(专家评论版)。

以下为视频中的专家评论文字:

- **关于"共同建构游戏":开放且自由地回应孩子的游戏,投入到真的角色扮演中去。**

苏珊格拉斯曼(Susanne Grassmann)博士:

角色扮演中的互动是真正自发而成的,大家相互回应。不是心里想着医生会发生什么,而是——现在这个孩子生病了,她讲述发生了什么,哪里疼痛,然后寻找解决方案。我们现在该怎么处理? 必须把脚抬高。该如何把脚抬高? 孩子进一步对此作出反应,说:"我动不了,因为疼",这便形成了一个真实的角色扮演场景,双方不断相互回应。因为有教师和孩子的共同参与,使得这种相互回应得以实现,共同建构游戏。

弗兰齐斯卡·福格特(Franziska Vogt)教授:

所以,当你关注这个孩子对医生有多少了解时,会发现她通过对话学到了很多新知识。一方面,这个女孩自己说了很多,讲述了自己的经历,展示了哪里疼痛;另一方面,通过信息"这里可能肿了,我们需要抬高它",大量知识进入了对话之中,但不是单纯地讲述。它们自然地融入进游戏中。你不能在游戏中突然进行一场讲座或者解释,作为医生,你只是想抬高脚,因为它肿了。即便如此,我认为这些对话中仍然包含了很多有价值的信息,它是老师和孩子共同发展出来的知识。

师幼共同进行探讨和思考在这段视频中体现得非常明显,值得注意的是,

两人的互动形成了相辅相成的对话。我认为,这个互动体现了真正的游戏。老师问的是真正的问题,她不知道接下来会发生什么:哪里会疼,我们接下来要怎么做。这就是为什么它能作为一个游戏存在,这是一次成功的师幼互动。尽管从"共享思维"的狭义定义出发,这段游戏不能被严格定义为共享思维的游戏形式。但我认为,视频中师幼双方都对游戏做出了贡献。这是一种共同探索的方式,不是老师预先设定好一切。在这个过程中,老师虽然并未学到一些事先不知道的东西,这点对共享思维游戏来说要求过高,但我个人不会因为这一点就否定视频中的共享思维游戏。

苏珊格拉斯曼(Susanne Grassmann)博士:

这不是由教师引导的游戏,我们看得很清楚。一开始,老师以一位有经验的医生的身份与孩子展开对话。在这个过程中,她起到了一定的引导作用,比如说:"现在躺下,我们给你做检查。"然后,她将决定权交还给孩子:接下来会发生什么? 老师会对发生的事情做出回应,但不按照她原本设定的脚本来推进情节,而是根据孩子的表现,和孩子共同发展游戏情节,也就是从孩子的立场出发,共同探索并学习关于受伤、挫伤、肿胀及其治疗方法的相关知识。

- **关于"以语言促进共享思维":**
- 老师在智力层面(如思维、认知和理解等方面)接纳孩子的想法和启发,与他们共同深化和发展。
- 老师以真实的方式参与孩子的思维过程,而不是通过询问来获取信息。
- 开展这一过程的前提是建立信任关系,对孩子表现出真正的兴趣,鼓励他们的思维过程,共同发展想法。

(Siraj-Blatchford & Manni, 2008)

弗兰齐斯卡·福格特(Franziska Vogt)教授:

其实老师的反应是依赖于孩子的。孩子带来了什么想法? 在那个时刻,我必须说,孩子带来了点什么,让我感到好奇。那么我们就从这里继续玩下去。

苏珊格拉斯曼(Susanne Grassmann)博士:

这特别重要。老师和孩子继续玩下去,而不是去讨论我们要交谈些什么。当然,老师和孩子交流的内容很重要,但我们不能仅着眼于学习目标。当老师觉得孩子提出了一个很有趣的视角,可以和孩子一起试一试。那么老师就接收到了孩子的想法,和孩子继续玩下去。讨论的内容其实无所谓,重要的是讨论本身!

弗兰齐斯卡・福格特(Franziska Vogt)教授:

如果孩子想讨论"脂肪炸弹",这实际上也是一个很好的共享思维机会。即使老师从未想过今天要讨论"脂肪炸弹",不是吗?

2. 教师分组交流:你赞同哪位专家的哪段评论? 为什么?

三、教师自测和交流(30 分钟)

1. 请教师阅读以下描述,从"我确定已做到"和"我不确定已做到"选项中做出选择,并在右边备注中记录自己在未来工作中实施该描述需要注意的事项。

记录表 9-3 "语言促进共享思维"教师自测

	描述	我确定已做到	我不确定已做到	备注
1	在孩子的日常游戏中,我能捕捉到他们感兴趣的话题,并向孩子扩展这些话题。	☐	☐	
2	在与孩子扩展话题的过程中,我会与孩子共同寻找答案,并有意识地与孩子进行互动式对话。	☐	☐	
3	我会利用日常生活环节,例如进餐、穿衣、等待时间、阅读环节、花园游戏等,与孩子开展共享思维式的对话。	☐	☐	
4	我会利用未知现象引发与孩子的对话(例如"为什么鸟儿在睡觉时不会从树枝上掉下来?")。	☐	☐	
5	我会通过有针对性地追问来探究孩子的思考过程。为此,我会使用不同类型的问题来询问其他孩子,以扩大共享思维的群体。	☐	☐	

	描述	我确定已做到	我不确定已做到	备注
6	我会在日常生活情境中与孩子共同解决问题、探讨未知现象、评估某件事情或解释某个概念。	☐	☐	
7	我对孩子的协商过程和有冲突性的对话持开放态度,并在可能的情况下,为孩子提供准确的表述或建议,以帮助他们将自己的诉求表达给其他孩子。	☐	☐	

2. 教师在组内分享各自自测表的内容,讨论是否有把握在教育实践中实施"以语言促进共享思维"。

10　知识自检

托幼机构的日常生活离不开交流。在每一个细微的情境中,教师与孩子之间都会进行非语言和语言层面的沟通。因此,师幼互动应包含以下特征:

- 提供安全感和关怀。教师的细腻、回应和敏感是识别孩子意图并做出适当反应的基础。识别孩子是否需要获得某个信息或物品、对孩子的情感支持、与孩子共同探讨某个话题,是与孩子建立社会情感关系的一部分。
- 表现出兴趣和投入。为了能让孩子毫无顾忌地探索语言,教师与其进行互动时需保持尊重和赞赏。
- 期待孩子获得的发展,以正面积极的态度允许孩子犯错。当教师能够识别孩子的"最近发展区",并在此基础上支持孩子实现这些目标,孩子就能在这一教育过程中获得支持(Pfiffner & Walter-Laager,2017)。并且,教师要与孩子及同事共同庆祝孩子取得的某项成果或发展。

从以上三点,我们可以看出,教师的互动行为越来越成为早期教育专业化发展过程中广受关注的焦点。

专业化的行为

发生在教育实践中的互动,特别是儿童与教师之间的互动,被视为教育实践的核心活动(Wildgruber, Becker-Stoll, Helsper & Tippelt, 2011;Wadepohl, 2017;Walter-Laager 等,2018)。其中的关键是沟通。研究表明,与语言能力较强的孩子相比,语言发展较弱的孩子获得较少语言支持策略,参与的是较差的语言教育活动,他们听到的更多是来自教师的指令,且较少获得参与决策的机会(Girolametto 等,2000;Lindmeier 等,2013)。

这种情况可能是无意中发生的。因此,教师可以通过反思以及有意识地使用一些策略来调整这一情况(Roters, 2012)。从这个意义上说,专业化的教育行为意味着在面临许多不可预见的情况时,教师能够依据理论知识进行应用(Nentwig-Gesemann, 2013;Helsper, 2001),即能够灵活地决定在何时何地应用不同的策略。这样做的目的,一方面是使教师专业地支持儿童在语言表达能力上的发展,另一方面是使教师不断地提升自己的专业水平。

对工作的反思

为了扫除工作时的盲点,除了扎实的理论知识外,教师还需要对自己在日常教学中的行为进行反思。对个人主观感受的思考和探讨有助于提升教育工作的质量(Königswieser, 2006;

Seltrecht，2016）。

教师可以依据本章提供的内容,利用理论知识,基于视频教研法和教师自测问卷表来反思自己的工作。科学研究表明,自我反思的过程能帮助教师识别和分析教育行为背后的思维和行动模式(Roters，2012),改变和改善在类似情况下教师的互动行为(Göhlich，2011)。这需要教师在与儿童的互动中保持开放和好奇的态度,将已有的经验与新的经验系统性地、创造性地进行比较,使自我反思和过程性反思的各个组成部分能够相互融合(Nentwig-Gesemann，Fröhlich-Gildhoff，Harms & Richter，2012)。

反思是教师专业化发展过程中的必要组成部分,有助于实现教师可持续地保障教育质量和提升专业能力(Cloos，2013)。教育质量通常分为结构性质量、过程性质量和家庭关系质量等(Tietze 等,2017)。通过塑造高质量的师幼互动,我们能清晰地看见教育的过程性质量,儿童也能具体感知。而教师与儿童进行有启发性的和融入日常生活的交流是互动质量的一部分。

教师为儿童塑造高质量的语言互动能带来儿童在语言发展上显著的进步(Buchmann 等,2010)。

保障高质量的要素

作为本章介绍的最后一个语言教育步骤,其重点是教师检查已经达到的教育质量,确保质量的持续性,并庆祝取得的成功。如果教师有时间,可以基于对本章内容的学习和实践,思考以下问题(问题的答案可以填入后续工作坊的表格中):

- 哪些孩子取得了进步?
- 孩子学到了什么?
- 孩子在哪些领域学习到了新的词汇?
- 有哪些语言教育策略是您或您的同事之前较少关注到的,现在是否已经在实践中运用?
- 此外,请您观察自己的同事们是否实施了以下"保障质量的实践建议"?

保障质量的实践建议

在将本章详述的各项语言教育策略运用到实践的过程中,应重点关注教师如何将理论知识转化到自己的日常教学工作中,以及如何确保教师团队的工作质量。

以下建议可供大家参考:

- 选出你和同事想进一步深入探讨的语言教育策略,再次阅读其理论部分。

- 将对你来说重要的理论要点记录在不同的卡片上。

- 在下一次教研活动上，让所有教师抽取一张卡片。

- 每位教师轮流大声朗读卡片上的理论要点——每个要点都会进行简短讨论，以确保每个人都理解。

- 针对每个记录的理论要点，教师在团队中收集与之相关的实践经验或案例，并记录在一张海报纸上。例如，针对扩展词汇和形容词，教师可以收集融入日常生活的形容词，汇总在海报纸上，贴在教师办公室的显眼处。

- 在下一次教研活动前，教师要特别关注自己抽到的卡片上的要点是如何在自己的日常工作应用的。

- 在下一次教研活动中，大家可以用不同颜色的笔将产生的新想法补充在海报上。

- 教师互相分享自己的实践经验。

- 每个教师分享自己观察到的一位同事在实施该策略时特别成功的三个点。

为了确保能够顺利将反思型语言教育融入日常生活，教师团队的内部需要保持开放、信任以及合作的氛围，要允许教师犯错，同时，取得成效时也要一起庆祝！

教师取得的教育成效应当明确地展示出来。例如，可以在会议室里设置展示板，展示附有说明的照片或针对孩子学习进展的观察记录。

如果你和同事觉得，对本章中某些语言教育策略的理解或应用还不够牢固，那么，请大家在接下来的几周内针对这些策略开展有针对性的活动，以进一步巩固对这些策略的理解。

工作坊:知识自检

教研次数:本主题教研举行一次。

教研目标:系统地检验将语言教育融入日常生活的策略的掌握情况。

材料准备

- 本书内容(第 168—170 页)
- 白纸和笔
- 视频 8《知识自检》

活动流程

一、理论学习(10—15 分钟)

1. 主持人:(分发阅读材料)请大家阅读"知识自检"的理论部分。
2. 教师在白纸上写下自己的感受或想法。

二、联系实践和交流(30—40 分钟)

1. 主持人请教师回忆与本章前 9 次工作坊相关联的实践经验,然后填写记录表 10 - 1。

记录表 10 - 1 "知识自检"概念问答

问题	回答
1. 哪些孩子取得了进步?	
2. 孩子学到了什么?	
3. 孩子在哪些领域学习到了新的词汇?	
4. 有哪些我或同事之前较少关注到的策略,现在是否已经应用在实践中?	
5. 我的同事是否实施了"保障质量的实践建议"?	

2. 将教师分组，在组内分享各自的回答和想法。

三、观看视频和交流（20—30 分钟）

1. 主持人播放视频 8《知识自检》，教师在观看视频的过程中可以继续在记录表 10-1 中补充自己的想法或感受。

以下为视频中的专家评论文字：

- **关于"导入：融入日常的语言教育"**①

  托幼机构中的早期语言教育是一个非常重要且前沿的话题，如果我们研究相关文献和研究成果，就会得出结论：许多专家一致认为，教育质量与高质量的师幼互动息息相关。"融入日常的语言教育"是基于课题"看见托育中心高质量的养育和教育"中提及的关键点而构建的。其核心始终是教育的高质量，尤其是教育者与孩子互动过程中的高质量，这是我们能够在日常生活中加以优化的。

  一日流程中的每一刻都蕴含着促进孩子语言发展的可能性。我们希望实现一种融入日常生活的促进语言发展的教育。无论我们在玩什么、吃什么，在点心环节，或者做手工时，都可以促进孩子的语言发展。促进语言发展不应该与日常生活割裂。

- **关于"策略：塑造长对话"**

  弗兰齐斯卡·福格特（Franziska Vogt）教授：

  促进孩子语言发展的基础是对话。实际上，促进语言发展无法脱离老师与孩子之间的对话来实现。这种对话可以发生在老师与一个孩子之间，也可以发生在老师与多个孩子之间。当孩子参与其中时，他们可能通过玩耍或手势来表达自己。但无论如何，孩子会作出反应，或者将自己的想法融入其中，老师则会对此作出回应！

---

① 以下文字由凯特琳·沃特-拉格教授（Catherine Walter-Laager），弗兰齐斯卡·福格特（Franziska Vogt）教授，埃娃·波尔兹尔-斯特凡内茨博士（Eva Pölzl-Stefanec）共同提供。

- 关于"策略:扩展词汇"①

　　词汇是能够与他人交流的基础。我们总会注意到,当我们用另一种语言交流时,如果缺少词汇,就会遇到困难。当然,这些词汇必须与孩子的语言水平相适应。作为教育者,我们使用更丰富、更高级的词汇是特别好的。因为孩子们理解的词汇往往比他们实际使用的更多。通过这种方式,他们可以逐步扩展自己的词汇量!

- 关于"策略:促进语言发展的提问"

弗兰齐斯卡·福格特(Franziska Vogt)教授:

　　提问是引发对话的一个好方法。当老师提出一个问题时,孩子几乎不得不回应。因此,我们可以把提问看作是维持对话的一种方法。问题可以非常开放,我们通常认为,开放性问题更好,适合那些愿意多说话的孩子。但如果孩子还不太理解问题,老师可以通过调整提问的方式,为孩子创造一个参与对话的机会。即便孩子回答的是简单的"是"或"不是",或只是点头或摇头,这也是一种对话。通过适当调整问题,老师为孩子提供了一个回应的机会。

- 关于"策略:语言建模"

弗兰齐斯卡·福格特(Franziska Vogt)教授:

　　谈到语言建模时,许多人会认为这有点像传统的教学方式,即老师先说一句,然后孩子像模仿一样跟着复述。但语言建模并不是这个意思,老师的示范其实非常重要,要做到聪明地示范其实是很有挑战性的。当孩子尝试表达某些内容时,如果其中存在小错误,我们可以先确认孩子的表达,再以正确的方式说出来。或者,当孩子只说了一个词,我们将其扩展为一句完整的句子。通过这样做,就能为孩子示范正确表达的语言模型!

---

① 以下文字由凯特琳·沃特-拉格(Catherine Walter-Laager)教授,弗兰齐斯卡·福格特(Franziska Vogt)教授共同提供。

- 关于"策略:语言转述"①

　　重要的不仅仅是老师与孩子交流,同样重要的是让孩子之间进行对话。研究发现,那些在语言方面有困难的孩子,往往也会遇到社交问题。如果他们无法建立友谊,自然也很难学会语言。30 或 40 年前,我们对此了解得不多,教育行为常常是以老师为中心,而语言转述策略将重点从老师身上移开,将对话引导到孩子之间。作为教育者,我们常常将自己置于中心,因为我们需要关注全局,确保一切正常进行。而在语言转述策略中,老师则会退到幕后。

- 关于"应用:以语言支持数概念发展"②

　　日常生活中蕴含着丰富的数学内容。我们需要利用这些内容,一方面将它们用语言表达出来,另一方面也需要和孩子一起用语言讨论这些内容。当我们将数概念融入其中时,实际上是在另一个层面上与孩子进行更深入的思考:比如,某物的速度有多快? 你认为这辆车比另一辆车快吗? 为什么它会更快? 可能因为它更大或者更小? 当孩子长大后,数学实际上是一种描述世界的方式,它拥有自己独特的语言。但目前,对于这个年龄段的孩子来说,关键是将数学与他们的具体经验联系起来。

- 关于"应用:以语言陪伴日常情境"③

弗兰齐斯卡·福格特(Franziska Vogt)教授:

　　那些所谓的"间隙时间",比如吃东西的时候,或者从一个地方走到另一个地方的路上,有时被认为是没有教育意义的时间。但实际上,这些正是可以促进孩子发展的时刻。例如,当我们帮孩子拉外套拉链时,可以这样说:"现在我要帮你把拉链拉上,只拉到一半,这样你

---

① 以下文字由凯特琳·沃特-拉格(Catherine Walter-Laager)教授,弗兰齐斯卡·福格特(Franziska Vogt)教授共同提供。
② 以下文字由弗兰齐斯卡·福格特(Franziska Vogt)教授,埃娃·波尔兹尔-斯特凡内茨(Eva Pölzl-Stefanec)博士共同提供。
③ 以下文字由凯特琳·沃特-拉格(Catherine Walter-Laager)教授,弗兰齐斯卡·福格特(Franziska Vogt)教授共同提供。

可以继续拉。"当孩子自己拉拉链时,我们可以说:"对,现在你正在拉拉链。""现在拉链已经拉好了,我们可以出门了。"这些日常中看似平凡的动作,其实都可以用来为孩子提供语言支持,让他们在这些时刻得到语言上的发展。

- 关于"应用:以语言促进共享思维"

仅仅通过提供语言输入,老师无法促进孩子的语言发展。虽然输入很重要,但对孩子来说,同样重要,甚至更重要的,是他们能够主动参与。当一个孩子掌握了很多词汇,有了许多经历,并与他人一起获得了丰富的经验时,他们才能与他人共享思维。孩子能够提出自己的话题,对某些事情产生兴趣,作为教育者,我们需要顺应孩子的兴趣提出问题,分享自己的知识,或者提出我们的问题,与孩子一起进入探索的过程。这意味着我们需要保持专注,需要了解每个孩子或多个孩子当前的兴趣点,并从这个点出发,与他们建立联系。

这是一项高超的教育艺术,需要真正倾听孩子的每一个想法并给予回应,甚至与孩子之前的想法相呼应。也许孩子会提出一些我们从未想到过的新点子。

- 关于"知识自检"

凯特琳·沃特-拉格(Catherine Walter-Laager)教授:

如同每次提高教育质量的过程一样;我们最终需要反思:哪里做得特别好?然后应将其巩固下来,并为此感到高兴。因为这是我们继续工作的基础,也是我们以充满动力的状态进入第二天的关键——与孩子再次进行高质量的互动,并进一步巩固与孩子的关系!

2. 教师分组分享:哪位专家的讲述让自己印象深刻?为什么?

四、教师自测(10 分钟)

请教师回答以下问题,检查自己是否达到了本章的目标。如果没有,教师可以从中获得实用的建议,从而能在实践工作中继续开展融入日常的语言教育。

表 10-1 "知识自检"教师自测

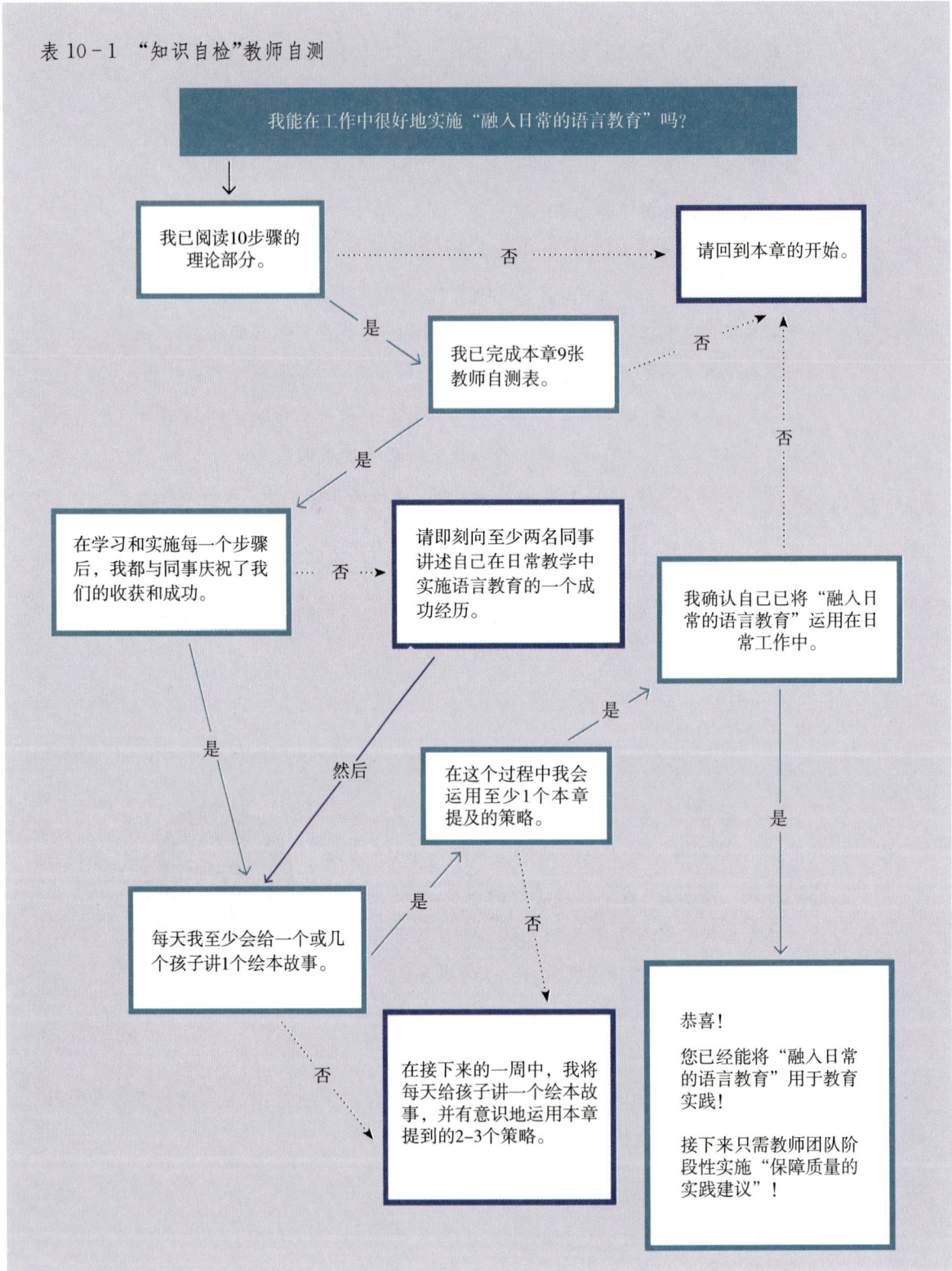

我能在工作中很好地实施"融入日常的语言教育"吗?

我已阅读10步骤的理论部分。 —— 否 ——> 请回到本章的开始。

是

我已完成本章9张教师自测表。 ····· 否 ·····>

是

在学习和实施每一个步骤后，我都与同事庆祝了我们的收获和成功。 ···· 否 ···> 请即刻向至少两名同事讲述自己在日常教学中实施语言教育的一个成功经历。

否

我确认自己已将"融入日常的语言教育"运用在日常工作中。

是

然后

在这个过程中我会运用至少1个本章提及的策略。 —— 是 ——>

是

否

每天我至少会给一个或几个孩子讲1个绘本故事。

否

在接下来的一周中，我将每天给孩子讲一个绘本故事，并有意识地运用本章提到的2-3个策略。

是

恭喜!

您已经能将"融入日常的语言教育"用于教育实践!

接下来只需教师团队阶段性实施"保障质量的实践建议"!

实施高质量师幼互动和语言教育

——以进餐环节为例

第三章

本章导读

本书第一章探讨了高质量师幼互动的关键点和实施策略，第二章基于语言发展和科学研究结果，深入探讨了在实施高质量师幼互动的背景下，如何更好地在托幼机构开展语言教育。本章将在前两章的基础上，重点探讨在进餐环节这一基础又重要的日常生活环节中，如何开展高质量的师幼互动，教师如何在进餐环节中有效融入语言教育，并展示具体的做法。

近十年来的科学研究表明，托幼机构中的进餐环节对幼儿的发展具有重要意义。它不仅涉及婴幼儿的营养和身体健康，优质的进餐环境对幼儿的认知发展和行为表现也都有积极影响（Nyaradi，Li，Hickling，FosterOddy，2013）。进餐环节作为托幼机构日常生活中必不可少的互动场景，为孩子提供了定期与成人、同伴社交的机会。教师提供类似于家庭共同进餐模式的回应式进餐教育（responsive feeding practices）与高质量的教学实践存在积极相关性（Malek-Lasater，Kwon，Horm，Sisson，Dev & Castle，2022）。回应式进餐被定义为"鼓励儿童自主进食，根据他们的生理和发育需求给予相应的回应，鼓励他们进餐时的自我调节并支持他们的认知、情感和社交发展"（Pérez-Escamilla R，Jimenez EY，Dewey KG，2021）。其中，教师与幼儿之间积极的互动起到了重要的作用（UNICEF & the World Health Organization，2023）。那么，教师该如何塑造良好的幼儿进餐环境，并增强进餐环节的互动？如何通过有效的交流促进婴幼儿的表达能力和社交互动？如何关注幼儿的个体需求，以确保每个孩子感受到幸福感？

本章将详细介绍在托幼机构的进餐环节实施高质量师幼互动和语言教育的具体做法。通过三个主题学习，读者将系统地了解如何将语言教育融入进餐环节，并掌握如何开展高质量互动。同时，可以从组织和管理的角度提出优化进餐环节的建议，进一步提升孩子的用餐环境，促进孩子的全面发展。

教师在学习本章理论部分、观看示例视频时，会感知到东西方饮食习惯的不同，例如欧洲托幼机构的餐桌上会出现黄油、刀叉等食物和餐具。教师可将其类比为中国幼儿园餐桌上出现的牛奶、饼干、勺子和筷子等，更重要的是关注在进餐环节中，教师是如何与孩子进行高质量互动以及实施语言教育的。此外,本章的目的并非要求所有托幼机构都如视频中那样做,而是以"进餐环节"这一基础又核心的日常生活场景为例,探讨在不同的一日生活环节中,如何运用语言教育策略、实践高质量师幼互动的 11 个关键点的原则和做法。

参与本章编写的作者

埃娃·波尔兹尔–斯特凡内茨(Eva Pölzl-Stefanec)

博士,教授,主修幼儿教育,拥有多年幼儿教育实践工作经验。博士论文为《托育中心教师职前教育的要求》。研究重点包括幼儿教师的专业化发展、儿童托幼机构的照护和教育以及质量发展。

克里斯蒂娜·巴赫纳(Christina Bachner)

社会教育学幼儿教育方向硕士,拥有多年幼儿教育实践工作经验。研究重点包括托幼机构的时间和活动结构、教育专业咨询以及幼儿教师的职前教育。

克劳迪娅·盖斯勒(Claudia Geißler)

社会教育学学前教育方向硕士,拥有多年幼儿教育实践工作经验,现任奥地利格拉兹大学学前教育系科研员。研究重点为师幼互动、幼幼互动、语言教育过程和质量发展。

塔尼娅·松莱特纳(Tanja Sonnleithner)

社会教育学学前教育方向硕士,拥有多年幼儿教育实践工作经验。2019 年起成为奥地利格拉兹大学学前教育系科研员,研究重点包括教师专业化发展、托幼机构互动质量。

进餐环节的师幼互动示例视频一览表

扫码观看视频

1. 进餐环节中的启发性交流

1.1	谈论对自然的观察	00:00—01:40
1.2	谈话时分享自己的经验	01:41—03:44
1.3	交流梦想与现实	03:44—06:14
1.4	孩子谈论"担忧"	06:15—07:50

2. 进餐环节中的身心在场、解读信号、关注个别需求、帮助调节情绪

2	身心在场，解读信号，考虑个别需求	00:00—01:18

3. 进餐环节中的支持体验关系和文化

3.1	主持餐桌谈话	00:00—01:52
3.2	谈论菜肴的顺序	01:53—03:10

4. 进餐环节中的丰富感官探索和给予启引

4.1	交流口味的偏好	00:00—01:48
4.2	谈论食物的味道和口感	01:49—04:26

5. 进餐环节中的赋予参与权

孩子参与餐前准备(00:00—06:48)		
5.1	孩子参与餐前准备	00:00—05:26
	孩子布置餐桌	05:27—06:48
在进餐环节培养孩子的参与性和自主性(00:00—08:27)		
5.2	孩子决定餐前祝祷词	00:00—01:37
	通过自助餐培养孩子自主性	01:38—02:59
	分发食物时的自主性培养	03:00—03:45
	以桌面自助餐形式培养孩子自主性	03:46—05:38
	结合桌面自助餐和岛台自助餐，培养孩子自主性	05:39—06:10
	在自带食物的情况下培养孩子自主性	06:11—08:27
孩子参与饭后清洁(00:00—05:14)		
5.3	孩子清理餐桌	00:00—02:31
	孩子收拾和洗餐具	02:32—05:14

从幼儿教育的角度看进餐环节的安排

本书前两章已提到，教师可以如何在日常生活的进餐环节中给予孩子语言发展的支持以及开展高质量的师幼互动。健康的饮食在儿童的早期生活阶段对其身体发育和健康至关重要。在学前阶段，婴幼儿在饮食习惯和营养需求方面的成长和变化远远超过其他年龄阶段（Höhn，2017）。然而，进餐环节不仅涉及满足幼儿的生理需求。托幼机构日常生活中的集体进餐情境涉及个人需求、社会和文化关系建构，是园所空间、材料和组织等多方面紧密交织在一起的情境。有学者研究并描述了进餐情境中不同的关系层面：进餐情境首先用于满足个人的饥饿、口渴和饱腹感（与自我的关系），孩子在这一过程中逐渐了解不同的餐食准备方式和未知的食物（与世界的关系）（Nentwig-Gesemann Nicolai，2017）。共同进餐向孩子传递了集体感和社会归属感（与社会的关系），而进餐的环境通常受特定环境或文化的影响（环境与文化的关系）。此外，围绕着进餐它还包含了组织、准备和实施以及餐桌习惯（与仪式的关系）。所有这些结合在一起，塑造了孩子的用餐体验。但在实践工作中，托幼机构往往很少组织教师对进餐环节开展反思（Nentwig-Gesemann & Nicolai，2017）。显而易见的是，进餐情境是高度复杂的托幼机构日常生活环节，需要教师进行有意识的教学设计和对幼儿语言发展的引导，在本书第二章中已提及具体的实施策略（Walter-Laager 等，2018a）。因此，本章将在班级已开展了融入日常的语言教育的基础上，详细阐述教师如何在进餐环节与孩子开展具有启发性的交流。

启发性交流是良好师幼互动的一个重要特征（Walter-Laager 等，2018b）。良好的互动质量有助于创造放松的用餐情境，让孩子体验人际关系、满足个人需求，并经历多样化的学习机会。本章内容基于研究课题《看见托幼机构高质量的师幼互动》（Walter-Laager 等，2018b）以及《进餐环节中的互动质量》（Landrichinger Putz，2018）的研究成果，重点讨论在进餐环节实现融入日常的语言教育的可能性，并阐述实现良好师幼互动的关键点。此外，本章的重点还会放在赋予孩子参与权上，因为在目前的进餐环节实践中，孩子的参与权仍然受到限制，正如最近完成的研究《BiKA-托幼机构日常生活中儿童的参与权》所显示的那样（Hildebrandt，Walter-Laager，Flöter & Pergande，2020）。

为了使进餐环节成为激发所有参与者进行互动的情境，我们还需要考量人员配置和组织层面的问题（Gutknecht，2015）。例如在儿童人数过多、教师人手不足、教室空间狭小等不利条件下，教师如何在组织层面解决用餐空间和时间的设计、环节过渡以及教师分工合作等问题。本章的最后一节聚焦于讨论如何从组织层面为孩子创造一个安静而放松的用餐氛围，向他们传递安全感和归属感，为餐桌上开放的互动氛围奠定基础。

1　进餐环节的语言教育

语言是人类与环境互动的媒介,通过语言我们能将自己的经验、观察和思考表达出来。而语言不仅是一种思维工具,还是与他人交流和建立社会关系的基础(Walter-Laager 等,2018a)。支持学前儿童语言发展的意义,不仅体现在它能促进儿童语言能力的获得。我们接下来将以日常生活中的进餐环节为重点,讨论教师如何在此情境中实施语言教育,并阐述其更丰富的意义。

日常语言教育的重要性及学术语言能力的培养

很久以前,实证研究就指出,在德国和奥地利的教育体系中,家庭的社会经济状况与儿童获得教育成功的机会之间存在着非常紧密的相关性(Oberwimmer 等,2019;Gogolin,2013;Cummins,2013)。其中,学术语言能力对儿童未来的学业表现起着决定性作用(Cummins,2013;Lange & Gogolin,2010;Gogolin,2013;Heppt,2016)。这种语言能力不同于日常语言。日常语言的交流通常依赖一个共同的交谈情境。相比之下,学术语言能力所涉及的在学校中的文本和对话主要涉及抽象的内容和事物,这些内容并不在眼前,因此更需要使用不同的语言表达方式和更为细致的词汇(Lange & Gogolin,2010;Brandt & Gogolin,2016)。在学校的学术环境中,描述、解释、论证、分析、探讨事实或个人立场是必不可少的(Feilke,2012)。

就理论而言,儿童在自己的日常生活环境中,能相对迅速、直观地习得日常语言(Aktas,2020;Bockmann 等,2020;Szagun,2019)。但实际上,由于家庭背景不同,儿童接触语言教育的机会也有所不同,家庭语言使用的数量和质量因家庭的社会经济地位而异。家庭教育背景较好的儿童,在日常生活中可能会获得更多语言交流的刺激,而家庭资源较少的儿童则可能接触较少的语言刺激,也不常讨论超出当前情境的问题,比如未来、过去或个人的观点(Steinig,2016;Steinig,2020)。因此,这些孩子在入学时会面临双重挑战:不仅需要掌握学习内容,还需要学会新的沟通方式(Gogolin & Duarte,2016;Schnorr,2019)。

在这种背景下,有学者提倡从早期教育阶段开始全面使用学术语言。他们认为,语言教育的最终目标是使儿童的教育机会不再仅仅依赖其出身背景,而是获得平等的机会(Lange & Gogolin,2010)。教师应为所有儿童提供学习学术语言表达的机会,这可以通过游戏、表演和日常生活情境来实现(Lengyel & Ilić,2014;Schröder & Keller,2012)。尤其可以通过阐述或辩论的对话来培养孩子的学术语言能力(Steinig,2016)。

需要注意的是,日常语言和学术语言不应被视为对立的,它们其实是连续体(Heppt,2016)。儿童的语言和抽象概念的发展始于他们获得的直接经验,然后逐步过渡到思维层面的概念和抽象术语。例如,4 岁左右的儿童完成了对语言语法、规则的基本学习,开始尝试使用抽象词汇(如"前天"),并逐步理解这些词汇的意义(Zehnbauer & Jampert,2009)。在这一阶段,儿童当然也需要复杂和抽象的语言输入,以促进其学术语言能力的发展。

为了能构建和讨论假设的内容，构思并讲述较长的故事和情节、反思自己的经历、尝试总结或优化表达，儿童必须能够灵活运用不同的句子结构和文本语法。此外，他们还需要习得丰富的词汇，包括专业术语、抽象词汇以及一些不常见的词汇（Aktas，2020）。

进餐环节是进行对话的良好时机。根据儿童的语言发展水平，教师可以在儿童的"最近发展区"内提供支持，逐步引导他们使用更为精细的表达方式。

进餐环节中的启发性交流

沃特-拉格教授主持研究的课题《将语言教育融入托幼机构一日生活的十个步骤》系统地提供了相应的策略和实践指导（Walter-Laager 等，2018a）。本章内容基于一定假设，即教师能够在托幼机构的所有日常生活环节中能支持和引导孩子的语言发展（Löffler & Vogt，2015；Kempert等，2016），然后在此基础上探讨如何在进餐环节为孩子提供扩展词汇、塑造长对话和促进同伴互动的机会。

进餐环节中的扩展词汇和提问

在进餐环节，儿童反复接触特定的内容和流程，这些内容和流程常常涉及新的词汇。根据斯诺和比尔斯（Snow & Beals，2006）的研究，进餐环节确实有助于孩子扩展和巩固词汇。儿童在对话中可以获得关于食物的知识，并通过初步的分类来整理这些知识（Bostelmann & Fink，2014）。进餐为孩子提供了学习新词汇的机会，他们能通过味道或气味等来体验这些词汇。教师在此过程中帮助儿童将这些感官体验用语言表达出来，通过描述食物的气味或质地等来支持孩子学习新词汇（Wertfein & Müller，2012）。这可以通过提问来实现，例如"这些食物闻起来、尝起来或感觉如何？""它们看起来是什么样子的？"或"你嚼它时会听到什么声音？"对于语言表达能力较弱的孩子，教师陪伴并引导他们理解和表达是尤为重要的，例如教师可以向他们描述食物的味道、感觉或声音，询问是否喜欢这种味道以及是否感觉已经吃饱（Walter-Laager 等，2018a）。

在教育实践中，教师不仅使用语言描述自己的行为，还描述儿童的行为。希尔德布兰特、沃特-拉格、弗勒特尔、佩尔甘德（Hildebrandt，Walter-Laager，Flöter & Pergande，2020）在《儿童在日常生活中的参与权》研究中发现，在进餐环节中，70% 被观察的教师相对频繁地提及自己的行为，然而，提到儿童行为的情况却很少（约 17%），提到第三方行为的情况也较少（约 22%）。此外，该研究观察到教师在进餐环节很少讨论个人的意图、愿望或需求（19%），几乎不讨论情绪和感受（1%）。

当教师将自己对饥饿和饱腹感的身体感受用语言表达出来，他们能够向儿童传授用于描述自身身体感受的词汇。也有其他研究论述了同样的情况（Ramsay，Branen，Fletcher，Price，Johnson & Sigman-Grant，2010），在进餐环节中只有大约十分之一的话题涉及身体的感受。然而这点是非常重要的，因为它可以帮助儿童更好地感知并用语言表达这些感受。

进餐环节能为儿童提供一个舒适的日常环境,使得孩子能够讨论今天上午或昨天发生了什么、做了什么有趣的事情,并重复和巩固新学的词汇,例如"对了,今天我们玩了滴管"。

进餐环节中的塑造长对话

教师与儿童之间频繁发生的语言互动对儿童的语言发展有着显著的积极影响(Ansari & Pianta,2018;Siraj-Blatchford 等,2002;Sylva 等,2003)。在进餐这一社交情境中,儿童体验着集体生活,因此与儿童的对话,特别是教师与儿童之间发生的对话,应当自然而然地发生。然而,最新的《儿童在日常生活中的参与权》研究数据显示,许多幼儿园教师在进餐环节并未给孩子提供足够的语言和认知刺激。研究结果显示,超过三分之二的托幼机构在进餐环节没有发生师幼对话,教师与孩子的交流往往局限于餐食的组织安排(Hildebrandt 等,2020)。

在轻松的用餐氛围中,儿童经常会提到他们当下感兴趣的话题(Staatsinstitut für Frühpädagogik,2018)。教师通过提出开放性问题,能支持儿童讲述自己的个人经历、发生在家里的故事或自己的想象,同时教师也可以分享自己的经历或观点。而对话是否活跃取决于所有对话者的积极参与,不仅仅是一个人在不断提问。因此,当儿童提出具体问题,例如"为什么红薯是甜的"或"煮胡萝卜或面条时会发生什么"这些问题时,教师可以和孩子进行探讨,询问孩子的想法或理由,进一步展开讨论,提出不同的观点或在一起思考解决方案。教师分享自己的想法和经验有助于激发儿童的思维过程或促进儿童之间的对话。

进餐环节还能为儿童提供讨论食物及其来源的机会。教师与孩子一起准备食物时,面对处理食物的步骤和食物不同的状态(如生的、熟的或压榨的),开展共同思考和经验的交流(Höhn,2017)。教师不仅可以描述食物,还可以与儿童一起探究其原因和理由,形成假设并在处理的过程中加以验证(如"为什么煮面条时它们会变软?")。双方可以提出答案、产生新问题、描述观察到的现象(Tournier,2017;Hildebrandt 等,2016;Siraj-Blatchford 等,2002)。

除了探讨"为什么"的问题外,思考"如果……会怎样"的问题可以刺激儿童的假设性思维,产生新想法。假设性思维是指思考事件可能会有不同的发展方式,这对考虑如果做出不同决定会发生什么、估计行为后果以及计划行动至关重要,例如"如果我这样做,麦克斯可能会怎么做。"儿童假设性思维和设想替代方案的能力与他们对因果关系的理解密切相关(Hildebrandt & Dreier,2014),儿童在探索游戏和大量"为什么"型的问题中早早地开始研究这些知识。在假设性思考中,儿童像成年人一样,基于他们已知的规则来探讨虚构情境的后果,因此这是一种具有挑战性的思维方式(Hildebrandt & Dreier,2014;Hildebrandt 等,2016;Hebenstreit-Müller,2018;Hildebrandt & Musholt,2018)。

进餐环节中的支持同伴互动

为了确保所有儿童在社交互动中都能获得有意义的体验,教师需要将儿童纳入互动中

（Bostelmann & Fink，2014；Walter-Laager 等，2018a）。一种方法是将儿童向教师提出的要求转述给其他儿童（例如"可以把牛奶壶递给我吗？"）。根据儿童的语言和社交能力，教师可以提供不同程度的支持，例如提供示范（如"你可以问豆豆'可以把牛奶壶递给我吗？'"）、建议（如"问问豆豆能把牛奶壶递给你吗？"）或提示（如"看，牛奶壶在豆豆那儿。"）（Reichmann，2015）。

通过转述儿童的要求，教师可以促进儿童之间的互动。此外，教师需要在进餐环节的对话中关注所有儿童，尤其是那些害羞或退缩的孩子，教师可以与他们进行目光接触、对话或提问。实证调查表明，教师可能更频繁地与语言发展较好的儿童交流，并与他们开展语言活动或对话（Hildebrandt 等，2020）。因此，教师应给予语言能力较弱的儿童特别关注，及时回应他们想参与交流的语言或非语言信号。在这一过程中，教师可以跟随孩子的注意力焦点，将他们的行为转化为语言，并总结他们的意图、想法、愿望或需求等（Walter-Laager 等，2018a）。

教师经常讨论自己和他人的情绪、感受、愿望、想法和观点，能帮助儿童理解他人的视角，从而体会他人的情感、兴趣、意图和想法。教师将观察到的行为与心理状态联系起来，例如"她微笑是因为她很高兴"，有助于发展儿童的同理心和视角转换的能力（Hildebrandt 等，2020）。

进餐环节还能为儿童提供讲述和对话的实践机会。教师应确保每个儿童都有发言机会，在需要的时候组织孩子的发言，例如"首先让玛丽发言，然后我们听你的。"教师还可以使用示范和有针对性的提问来扩展或完善孩子的表达，帮助儿童将自己的叙述结构化，以确保大家都能理解。

工作坊：进餐环节的语言教育

教研次数：本主题教研分两次举行。

教研目标：理解进餐环节教师开展语言教育的意义和策略，尝试在实践工作中运用。

第一次教研

材料准备

- 本书内容（第 179—186 页）
- 记录纸和笔（人手一支）
- 视频 1《进餐环节中的启发性交流》
- 投影仪或大型显示器

活动流程

一、理论学习（10—15 分钟）

1. 主持人：（分发阅读材料）请大家阅读本章导读和第 1 节"进餐环节的语言教育"的理论部分。
2. 主持人分发记录表 1-1，教师基于自己的理解尝试完成记录表。

记录表 1-1 "进餐环节的语言教育"概念问答

问题	回答
1. 共同进餐对孩子的意义是什么？	
2. 哪些策略可以用于促进进餐环节的启发性交流？	
3. 教师如何将孩子融入互动中，以便为所有孩子实现有意义的社交互动？	

二、集体交流(10—15 分钟)

主持人：请教师集体交流自己对以上问题的回答，共同讨论自己关于"进餐环节的语言教育"的想法或疑惑。

三、观看视频和讨论(45—50 分钟)

1. 主持人播放视频 1《进餐环节中的启发性交流》。当视频播放到 01:40、03:44、06:14 和 07:50 时分别暂停。

2. 教师在记录表 1-2 中写下：视频中教师和孩子们交流了什么？教师在交流中使用了哪些理论部分提到的策略？

记录表 1-2　视频 1《进餐环节中的启发性交流》观看记录

视频时间段	教师与孩子交流的话题	教师使用的策略
0:00—01:40		
01:41—03:44		
03:44—06:14		
06:15—07:50		

3. 主持人分发记录表 1-3，教师带着记录表中的问题再次完整观看视频。视频结束后，在表格中填入自己的回答。

记录表 1-3　视频 1《进餐环节中的启发性交流》反思记录

问题	回答
1. 视频中有哪些部分吸引你注意？	
2. 视频中有哪些部分是你愿意在自己班级里尝试的？	

问题	回答
3. 视频中有哪些部分你觉得有困惑或做起来有困难?	

4. 教师分组分享各自的记录和思考。

四、制定下一步实践计划(5—10分钟)

1. 主持人请同一个班级的老师针对以下三种实践建议开展讨论,从中选择至少两项(三项更好)内容,接下来在自己班级的进餐环节进行实践体验。

    - 教师和孩子一同在桌边坐下来。

    - 教师和孩子一同进餐。

    - 教师和孩子开展启发式交流。

2. 进餐环节的选择可以从早餐和下午茶点逐步过渡到午餐。

3. 每天实践后,教师在记录表1-4中记录相关信息。

记录表1-4 "进餐环节的语言教育"教育实践记录

	进餐环节	过程描述	孩子的反应	教师的感受
第一天				
第二天				
第三天				
第四天				
第五天				

第二次教研

材料准备

- 教师在教育实践中完成的记录表
- 本书内容（第 179—186 页）
- 记录表和笔（人手一支）
- 空白的海报纸和记号笔

活动流程

一、教育实践分享（30—40 分钟）

1. 将教师分组，组内分享各自的教育实践，讨论在实践中产生的疑惑或遇到的问题。

2. 小组成员共同探讨这些问题的解决办法。

二、教师自测和交流（30 分钟）

1. 请教师阅读以下描述，并在选项中做出选择。可以在右栏中记录自己在未来工作中开展
   教育实践的注意事项。

记录表 1-5 "进餐环节的语言教育"教师自测

描述	几乎不	很少	有时	常常	一直	备注
1. 我会在进餐环节有意识地抽出时间与孩子进行对话。						
2. 我会接收孩子的话题信号，通过提出开放性问题以及分享自己的经历、感受或观点等方法来扩展话题。						
3. 我会主动发起对话，话题超出当前进餐情境，涉及客观事物、个人或共同经历、幻想故事等。						
4. 我会给予孩子支持，引导他们在对话中进行结构化的叙述。						
5. 我会关注所有孩子，包括害羞、退缩和语言能力较弱的孩子，并将他们纳入对话中。						

续　表

描述	几乎不	很少	有时	常常	一直	备注
6. 我会帮助孩子将他们的感官体验用语言表达出来,用词汇描述他们的经历或向他们提问(如描述食物的气味、质地等)。						
7. 我会在进餐环节描述自己的行为和身体的感受(如饱腹感、饥饿感)以及孩子的行为和感受。						
8. 我会在进餐环节支持孩子之间的对话。						

2. 教师在组内分享各自自测表的内容,交流对在进餐环节实施语言教育的思考。

三、制定本园行动计划(20—30 分钟)

1. 基于以上所有教师的理论学习、视频交流、实践探索、反思和自测,主持人组织教师通过投票的方式,确定本园进餐环节开展语言教育的具体策略。

2. 主持人将空白海报纸展示在墙面上,将教师多数认可的回答填写在海报纸上,确保所有教师都能够清晰地看到,后续发放给各个班级。

2 保障进餐环节的师幼互动质量

赋予参与权

为孩子创设条件和情境,使得他们能够参与自己在园的一日生活。

支持体验关系

组织托幼机构的一日生活,支持孩子体验与教师和同伴的关系,积累相关经验。

启发性交流

在陪伴孩子游戏、生活的过程中,给予有启发性的语言引导,提供丰富的词汇示范。

丰富感官经验

支持孩子开展丰富的感官探索,并在探索的过程中陪伴他们。

高质量师幼互动

面向 0—6 岁婴幼儿的
11 个关键点

建立和遵守合理的规则

与孩子共同遵守教室里的规则。

身心在场

在与孩子相处的时间里,身体和情感都保持在场状态。当孩子需要时,给予他们合适的回应、陪伴、尊重与认可。

解读信号

积极地观察孩子,致力于将孩子的行为和反应放在当下的具体情境中加以理解,并做出适当的回应。

给予启引

积极观察孩子的游戏,给予启发或引导,以帮助孩子扩展自己的游戏过程。

关注个别需求

在组织一日生活流程时保留一定灵活性,以便在可能和必要的情况下根据孩子的个别需求进行调整。

帮助调节情绪

将孩子从紧张的情境中带离、提供身体亲近,给予孩子释放压力或紧张情绪的机会,帮助孩子调节负面情绪。

陪伴解决冲突

将孩子之间的冲突理解为重要的同伴互动过程,引导和陪伴孩子解决冲突,缓解孩子之间紧张的气氛。

如果进餐环节被视为互动和语言学习的场景,那么它就需要满足保障良好互动质量的要求(Walter-Laager 等,2018b)。《看见并理解高质量师幼互动》课题已经确定并描述了实现良好互动质量的关键点,并将其广泛用于教育实践(Walter-Laager 等,2018b)。上图是对这些关键点的概述,这 11 个高质量师幼互动的关键点同样适用于进餐环节。(参见本书第一章)

进餐环节中的身心在场、解读信号、关注个别需求、帮助调节情绪

如同在托幼机构一日生活的其他场景一样,孩子在进餐环节也需要教师的陪伴。教师应与孩子一起坐在餐桌旁,关注孩子,通过肢体语言表达自己愿意参与孩子的对话和活动。尽管这看似是一项简单的要求,但之前提及的《儿童在日常生活中的参与权》研究中明确指出,许多教师在实际操作中未能做到这一点(Hildebrandt 等,2020)。

在日常生活如卫生照料和进餐中,教师对孩子信号的敏感回应尤为重要。敏感回应的表现包括教师细致地感知孩子的信号,尽可能以可理解的方式表达孩子的情绪和感受,并及时、恰当地做出反应(Gutknecht,2015;Remsperger,2011)。教师对孩子行为的感知、解读和反应可能会有很大差异(如表 2-1 所示)。教师要根据对孩子信号的解读,给予细腻的回应。专业的自我反思态度和行为特别有助于不断提高教师解读孩子信号并细腻回应的能力。在理想情况下,经验丰富的教师能在情境中意识到多种解释的可能性,并以尊重孩子的方式给予回应。而这仍旧需要教师对日常生活中看似理所当然的做法进行反思,避免固守未经反思的观念(例如"不可以玩食物")(Fröhlich-Gildhoff,Nentwig-Gesemann & Pietsch,2014;Nentwig-Gesemann & von Balluseck,2008)。下表右侧的反思性问题可以帮助教师反思自己在进餐环节对孩子信号的解读和回应。

表 2-1 对儿童信号的解读、回应和教师反思性问题(自拟图表,参考自:Höhn;Gutknecht & Höhn,2017)

儿童的信号	不合适的解读和回应	合适的解读和回应	教师的反思性问题
在进餐约 15 分钟后,一个孩子开始来回推盘子。接着,他用拇指在剩下一半的面包上按出了几个洞。	解读:这个孩子还没在家里学到正确的餐具使用和进餐礼仪。 回应:"不要再玩食物和盘子了,现在继续吃饭。"	解读:孩子在表示自己已经吃饱了。 回应:"感受一下你的肚子,觉得它饱了吗?你吃饱了吗?"即使盘子里还有食物,孩子也可以自己收拾餐具。	我是否注意到每个孩子的进餐行为?
在用餐时,一个孩子伸手去拿沙拉碗,想用手直接抓取沙拉。	解读:孩子还不会用正确的方式取沙拉。 回应:"停,不可以用手去拿碗里的东西!来,我给你一些沙拉。"	解读:孩子还想要更多的沙拉。 回应:"你还想要一些沙拉吗?你可以把沙拉夹到你的碗里。看,这里有一个沙拉夹。"以预先准备好的环境支持孩子的自主行为。	我是否识别并支持孩子的自主行为?

续　表

儿童的信号	不合适的解读和回应	合适的解读和回应	教师的反思性问题
其他孩子还没有坐到桌子旁，一个孩子就匆忙地吃了几口午餐。	解读：孩子过于急躁，需要学会等待。回应："停下来，我们要等所有孩子都坐到桌子旁再开始吃。"	解读：孩子非常饿。回应："你真的很饿，对吧？你可以开始吃了。"	我是否能识别进餐环节潜在的冲突情况？例如理论情况下孩子应遵守固定的流程，但有时孩子表达出个别需求。

通过细致的互动，孩子在每日常规活动中会感受到他们以及其他孩子的需求能被教师识别并得到重视（Nentwig-Gesemann 等，2017）。孩子会将教师视为自己的安全港湾，能在情感上支持自己，帮助自己调节情绪（Walter-Laager 等，2018）。因此，教师的行为、对孩子身体的碰触和手势应始终保持适度和舒缓，因为快速、嘈杂的动作（如快速放下碗碟）可能会引发孩子的压力和焦躁。

值得注意的是，应由孩子的教师陪伴他们进餐，而不是交给第三方如实习生（Gutknecht，2015）。如果教师团队对用餐环节进行了充分的沟通和准备，那教师就能更好地集中精力关注孩子，并给予他们尊重和关怀。尊重包括为孩子提供情感上的温暖，提供温馨的沟通，关注孩子的行为和兴趣。这需要教师以平视的态度积极倾听孩子，面部表情和肢体语言保持一致，认真地对待孩子的需求，给予他们合适的回应（Wadepohl，2017）。

进餐环节中的支持体验关系和文化

一日生活中的卫生照料和进餐环节尤其适合深化参与者之间的关系体验（Nentwig-Gesemann & Nicolai，2017），在此过程中，孩子有机会感受到自己作为群体的一部分，并融入社会互动的框架中（Wertfein & Müller，2012）。其他研究（Methfessel，Höhn & Miltner-Jürgensen，2016）也强调了进餐环节的社会性发展价值，认为用餐是儿童社会互动的重要学习情境。

根据兰德里辛格和普茨（Landrichinger & Putz，2018）的视频分析，教师在进餐环节可以通过以下方式支持孩子发展关系：（1）了解相关信息，（2）提供适当的身体接触，（3）增强集体意识，（4）促进幼儿之间互动。

了解信息指的是教师需要了解孩子的兴趣、偏好或家庭情况，知道他们喜欢的食物或活动，以便能在对话中结合孩子的已有经验。

师幼关系涉及教师对**与孩子身体亲近和距离**的把握。对婴幼儿来说，当他们面对不同的挑战时，成人需要为他们提供相应的身体亲近或保持距离，例如在情绪安抚时提供身体亲近，在培养自主性时又保持距离（Nentwig-Gesemann & Nicolai，2017）。教师是否要抱孩子，这应根据孩子的表达或反应来决定，即孩子是拒绝身体接触，还是寻求教师的拥抱。

增强孩子的集体意识可以通过教师表现出对共同用餐的喜悦、与孩子交流在园所发生的共同经验、关注今天班级缺席的孩子等方式来实现（Landrichinger & Putz，2018）。

教师应促成孩子之间的互动，支持孩子建立联结，通过细腻的行为帮助孩子与其他同伴建立关系（Landrichinger & Putz，2018）（参见本章第1节中"在进餐环节中支持同伴互动"部分）。

吉伦和汉考克（Gillen & Handcook，2006）在关于家庭用餐环境的国家比较研究中阐明了用餐的文化意义。博尔克、德格和卡特纳（Borke，Döge & Kärtner，2011）发现了大量不同文化之间的差异和各自特点。通过用餐，孩子会接受文化和社会价值观的传递。因此，孩子成长的环境塑造了他们自己的饮食行为和饮食文化，这影响了哪些食物被视为可食用的，如何准备这些食物，以及何时以及如何食用这些食物（Schmidt，2011；Methfessel等，2016）。此外，用餐规范、规则和礼仪也会在进餐环节显现出来，并根据社会、环境或文化的不同而出现很大差异。成人在餐桌上会重现自己的社会化经验，并将学到的价值观和规范传递给孩子。因此，餐桌行为规范也会传递教师或家长对孩子因期望而带来的压力。

为了能理解不同家庭、不同文化背景的用餐规范、标准和礼仪，当出现冲突情境时能更好地进行调节，教师需要与家长进行交流，以获取相关信息，理解不同仪式及其意义。此外，教师还需注意，托幼机构中的用餐规范可能与家庭中的明显不同（Gutknecht & Höhn，2017）。教师在此成为不同文化或规范之间的桥梁（Schmidt，2011）。例如，当家庭的饮食习惯与幼儿园大相径庭时，所谓的"核心食物"可以作为文化之间的桥梁（Gutknecht & Höhn，2017）。教师需要对自身的信念和习惯进行反思，使得孩子感受到他们的出身和家庭习惯是被教师重视的，即使托幼机构中的进餐流程与家里不同，孩子也能通过教师对自己家庭饮食习惯的兴趣和尊重感受到自己的身份，从而体验到什么是尊重多样性。相反，对孩子的贬低、偏见或歧视可能会妨碍教师与孩子之间积极关系的建立，并进而影响到孩子之间的关系。教师应以尊重的态度对待所有孩子（Prengel，2019；Wagner，2017；Richter，2014；Gramelt，2010）。同时，教师还应作为榜样，积极应对不公平的行为、排斥或歧视，确保每个孩子在托幼机构里都感到安全和受到重视。在处理冲突时，教师也需保持客观，促进孩子之间对话，引发孩子的同理心和视角转换，共同讨论不公平的情况，提及每个人不同的观点、行为或共同点。教师应鼓励孩子表达情感，积极争取公平，并抵制排斥或歧视（Ali-Tani，2017；Wagner，2017）。

在托幼机构中，孩子可以将家庭的用餐规范与托幼机构中的规范结合起来。孩子已经能够区分家庭和机构中不同的用餐规范。教师通过提供适当的帮助支持孩子，使其能够在机构的日常生活中自如地适应（Methfessel等，2016）。除了教师，其他孩子也可以成为示范榜样。

进餐环节中的丰富感官探索和给予启引

用餐是一项涉及感官的活动——触觉、味觉、嗅觉、视觉和部分听觉。因此，用餐本身便是一种很好的学习情境，为孩子提供了全面的教育场景。幼儿需要通过所有感官来探索世界，学习和理解世界，理解新词汇的意义和概念性知识（Jampert，2002），这就要求教师对处理食物保持开放的态度（Bostelmann & Fink，2014）。

幼儿拒绝尝试某些食物的原因涉及演化方面的背景：大约 18 个月起，孩子会回避绿色和苦味食物，因为这些在演化上被认为是有毒或变质的。直到约 8 岁时，孩子才会主动尝试新食物，扩展他们的饮食范围（Renz-Polster，2010；Wertfein & Müller，2012）。通过与教师一起用餐，孩子会被激励尝试新食物，通过模仿来学习（Renz-Polster，2010）。通过有意识地感知食物，孩子可以丰富自己的感官经验，了解食物的不同特性。例如，他们会发现同一种食物经不同的烹饪方式会产生不同的味道，从而将熟悉和陌生的事物联系起来（Höhn，2017）。

教师的一个主要目标是让孩子敏感地感受自己的身体，并表达这些感受。当教师有意识地引导孩子注意"饥饿"或"饱"的感受时，孩子被鼓励去感受自己的身体，从而增强自我感知（Gutknecht & Höhn，2017）。语言教育在这里具有特别重要的意义，即当教师将孩子的感官体验和身体感受用语言表达出来时，这些体验会与语言系统相联系，使得孩子能够在将来进行更抽象的用餐情境讨论（参见本章第 1 节的具体内容）。

除了上述感官经验积累和社会性体验外，进餐环节还提供了许多其他的教育和学习主题（Dietrich，2016），教师可以将这些主题融合进孩子的日常生活中并给予可靠的支持。例如，咀嚼不同食物可以训练下颌、口腔和面部肌肉。而频繁食用软性食物的孩子则较少得到这种训练，这可能对他们的发音和语言学习产生负面影响（Höhn，2017）。

在进餐环节使用不同的餐具和食物有助于锻炼孩子的精细动作技能以及手眼口协调（Höhn，2017）。因此，可以使用透明容器来装餐食和饮料，这样孩子能够直接透过容器看到餐食，无需俯身（Gutknecht & Höhn，2017）。用于喝水的杯子应当具备良好的稳固性，也可以是透明的（Gutknecht & Höhn，2017），这样孩子可以观察到液体的流动（Bostelmann & Fink，2014）。

进餐环节还提供了孩子学习数学和自然科学的机会，例如，孩子可以学习到一个装满的容器比空的容器更重，可以观察到餐具数量的变化，从而进行数量比较（Gutknecht & Höhn，2017）。此外，孩子在舀取食物时可以掌握对量及其变化的处理（Höhn，2017）。当孩子摆放餐具时，他们在练习计数，并通过将碗、盘子和杯子等餐具配对来练习模式（Wertfein & Müller，2012）。孩子还能从中接触到分类和排序，例如在清洗后正确地分类餐具（Höhn，2017）。

此外，在进餐及其准备过程中，孩子还可以进行初步的实验。简单的烹饪过程，如炒或煮，能引发孩子的探索，为早期自然科学教育提供切入点（Methfessel，Höhn & Miltner-Jürgensen，2016）。在所有这些学习契机中，教师的语言支持至关重要。教师用语言概括事件、引入有趣的话题，鼓励孩子谈论他们的观察（参见本章第 1 节的具体内容）。

进餐环节中的赋予参与权

每个人从出生开始就有追求自主的需求，即希望独立、自主地行动，并以适合其发展水平和能力的方式感受自我效能(Maywald,2014;Nentwig-Gesemann,Walther & Thedinga,2017;Priebe,2012;Deci & Ryan,2017)。在民主教育的层面,教师必须引导幼儿发展出批判性和互助性的自主意识,尊重他人作为平等、自主的个体,理解和尊重他人的权利(Hildebrandt 等,2020)。

研究表明,在教育活动和日常生活中,如果孩子拥有参与权,会增强他们心理层面的幸福感和韧性,同时促进亲社会关系和包容性(Deutsches Kinderhilfswerk,2012;Fischer,2017;Lutz,2016)。在进餐情境中,参与权的实现很大程度上取决于成人为孩子提供的参与机会。普里贝(Priebe,2012)在开展《与孩子共同民主地生活》项目时指出,儿童年龄越小,在托幼机构环境中获得的自主权越少。《儿童在日常生活中的参与权》研究也发现,许多托幼机构午餐环节的结构化程度较高,孩子很少拥有参与权(Hildebrandt 等,2020)。

根据以下由希尔德布兰特、沃特-拉格、弗勒特尔、佩尔甘德(Hildebrandt,Walter-Laager,Flöter & Pergande,2020)提出的模型,教师可以通过承认儿童的个体性来为他们创造一个拥有参与权的环境。教师应创造能让儿童体验自我效能的情境,给予儿童理性解释,而非仅仅发号施令,并让儿童体验他人的自主性(Hildebrandt 等,2020)。

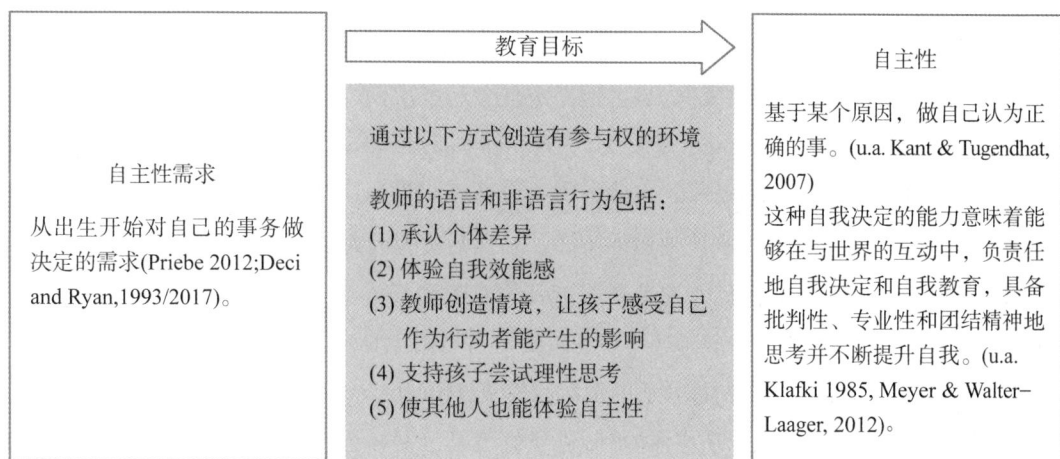

| 自主性需求

从出生开始对自己的事务做决定的需求(Priebe 2012;Deci and Ryan,1993/2017)。 | 教育目标 →

通过以下方式创造有参与权的环境

教师的语言和非语言行为包括:
(1) 承认个体差异
(2) 体验自我效能感
(3) 教师创造情境,让孩子感受自己作为行动者能产生的影响
(4) 支持孩子尝试理性思考
(5) 使其他人也能体验自主性 | 自主性

基于某个原因,做自己认为正确的事。(u.a. Kant & Tugendhat,2007)
这种自我决定的能力意味着能够在与世界的互动中,负责任地自我决定和自我教育,具备批判性、专业性和团结精神地思考并不断提升自我。(u.a. Klafki 1985, Meyer & Walter-Laager, 2012)。 |

图 7 模型:发展幼儿批判-团结自主性的参与权环境(Hildebrandt 等,2020)

具体的进餐情境,无论是在准备阶段、用餐中还是用餐后,都能为孩子提供许多参与机会。根据希尔德布兰特、沃特-拉格、弗勒特尔、佩尔甘德(Hildebrandt,Walter-Laager,Flöter & Pergande,2020)的观点,高质量的参与权在进餐情境中包括以下特点:

- 孩子参与进餐环节的塑造
- 孩子能自己决定进餐事务
- 孩子自主完成相关事情

• 将进餐环节作为一种社会互动体验

让孩子参与进餐环节可以通过以下方式实现：例如，允许孩子决定是否参加餐前仪式、参与选择做哪种餐前仪式（如餐前祝词）或对餐具进行选择（Hildebrandt 等，2020）。

吃饭是个人最基本的事务之一，孩子需要能自主决定他们要尝试什么食物以及吃多少（Hildebrandt 等，2020；Gutknecht & Höhn，2017）。由成人来准备健康的菜单，但孩子可以自行决定尝试哪些食物以及吃多少。此外，还存在许多让孩子能够在进餐环节做出自主决定的契机，如选择座位、使用餐具、决定何时开始吃和结束用餐（Hildebrandt 等，2020）。显然，参与权和自我决定体现为孩子的选择权，包括对食物和饮料的选择、餐具的选择、理想情况下也包括对用餐时间的选择，即确定用餐开始和结束的时间。灵活的用餐时间可以通过灵活的点心和分时段的午餐来实现（van Dieken & van Dieken，2014）。

为了让孩子发展自主性和自我效能，教师要允许他们在用餐时尽可能自主地完成他们能做的事情，即使是幼儿也可以参与布置餐桌、自己取食物和倒水、使用不同的餐具（包括刀子）进食、参与清理、自己清洁或协助准备餐食。成人应积极邀请孩子参与，并以尊重的态度支持他们自主完成进餐环节的相关任务（Gutknecht，2016；van Dieken & van Dieken，2014）。首先，教师要给予孩子足够的时间，让他们可以安静、自主地完成任务。其次，教师要信任他们能够自主执行任务，即使可能出现失败（Hildebrandt 等，2020；Walter-Laager 等，2018b）。当孩子遇到困难或表达出需要帮助时，教师应提供支持，并通过语言引导孩子。例如，教师可以观察孩子并将其行为意图用语言表达出来（如"你想拿黄油但够不着。"），然后提供帮助（如"我可以帮你拿黄油吗？"）或提出解决方案（如"你可以问问麦克斯是否能帮你拿黄油。"）。只有在得到孩子的语言或非语言同意后，教师才能提供帮助。教师还可以通过提供适当的工具来支持孩子的自主性和独立性，如小巧透明的碗和壶、轻便的餐具、合适的围裙和椅子（Hildebrandt 等，2020）。

除了关注食物摄取外，孩子还应体验到，进餐情境是一种社会性的集体活动，需要为其营造出一个愉快和轻松的交流氛围（Hildebrandt 等，2020）。教师应与孩子一起坐在桌旁，参与并发起餐桌对话，引导孩子识别和尊重他人的需求、观点或愿望，尊重他人的自主权（Hildebrandt 等，2020）（参见本节内容"进餐环节中的身心在场、解读信号、关注个别需求、支持情绪调节"以及"进餐环节中的支持体验关系和文化"）。

除了专业的支持和陪伴，日常环境的准备和灵活的一日流程也能体现出教师对孩子参与权的支持（Lutz，2016；Rehmann，2016；Priebe，2012）。任何自主行为的前提都是让孩子了解环境和流程，并使这些可视化。环境的可视化包括设计相应的空间，使得孩子能够自主行动，例如将餐具、餐用物品（如餐巾、餐具、餐垫或餐桌）以清晰、易于接触的方式展现出来。所有需要的物品应放在孩子的视线范围内，且清晰可见。一日流程（如用餐时间）以及进餐的规则、秩序或菜单应通过图像、照片或符号的方式呈现给孩子。如果托幼中心有自己的厨房做饭，教师可以向孩子展示可触摸的菜品（肉类食品除外），以此激发孩子的好奇心（van Dieken & van Dieken，2014；Walter-Laager 等，2018）。

进餐环节中的建立和遵守合理的规则、陪伴解决冲突

在进餐情境中，如果发生强制、拒绝或限制的情况，不仅会影响或危害孩子的幸福感（Maywald，2019），还会向孩子传递不一致的导向，来自成人的强制与孩子满足自身基本需求而产生的放松状态是对立的（Nentwig-Gesemann & Nicolai，2017）。进餐环节中可能出现的限制和规则应始终服务于保护孩子，仅当考虑到安全、监督责任以及其他孩子或群体的权利时，才有必要设置规则（Maywald，2016；Debatin，2016）。

教师忽视孩子、给予强烈的指令或否定性指示、进行不适当的身体接触、施加制裁或威胁、以嘲讽、羞辱或讽刺的方式对待孩子、中断或代替孩子的行为、限制孩子的行动自由等，这都属于越界行为（Hildebrandt 等，2020）。一项定性研究结果显示，教师通常以健康风险或孩子能力不足为理由轻微限制孩子的自主性（Geißler & Pölzl-Stefanec，2019）。对孩子不同的生活经验和能力的疑虑，常常导致教师团队讨论，是否应该让孩子自己做很多事情（如"你还做不到这点."）。从专业角度看，孩子应该一直被允许做他力所能及的事情。他们有权体验自主性和自我效能感（参见前文"进餐环节中的赋予参与权"）。《儿童在日常生活中的参与权》研究显示，保护儿童参与权与保护儿童的权利是相辅相成的（Hildebrandt 等，2020）。

有时，教师在保持班级秩序时，可能无意中行使了一些难以察觉的权力，例如对孩子说："你要等所有人吃完才能离开饭桌."特别是在进餐准备和进餐过程中，教师也常常会实施不适当的帮助行为。例如，教师未告知孩子或未询问孩子就将他们安置在椅子上，椅子被推到桌子旁，餐具被调整，被分到特定食物或食物已经被切成小块，卫生清洁时孩子未经询问就被擦手脸。当这些帮助行为发生，尤其是当教师代替孩子完成他们本应自己做的事情时，并不利于孩子的自我效能。反过来，教师如果不提供孩子需要的支持也是不合适的。教师常常默认进餐时要帮助孩子，他们可能并未将进餐环节作为需要进行教育设计的日常生活教育情境。在进餐时，教师的帮助行为通常涉及与孩子的直接身体接触或身体接近，对此要特别谨慎，应该对孩子表现出尊重（Hildebrandt 等，2020）。

当成人违背孩子的意愿、高估或低估孩子的能力时，会降低教师与孩子之间关系的质量以及孩子的合作意愿（Friedrich-Ebert-Stiftung，Forum Politik，Gesellschaft & AWO Landesverband Berlin，2018）。某些限制（如把孩子的围兜边缘放在桌面上，再将餐盘放在围兜上）本来可能是源于工作上的考虑，如避免孩子弄脏衣物和地面，然而，这种限制严重影响了孩子的上半身自由，也就严重限制了他们的自主进食，特别当食物是热的时候，还可能对孩子造成危险，因此必须坚决禁止（Gutknecht，2016）。

　　尽管像"你没把它吃完，明天就会下雨"这样的话在我们自己的童年中可能还记忆犹新，但现如今，教师常常会讨论是否应该要求孩子必须尝试新食物。营养师普遍认为，教师应努力让孩子觉得食物美味，并邀请他们尝试，例如向他们表达："看，豆子看起来很好吃。"但是，教师也应无条件地接受孩子的拒绝，因为强迫孩子吃东西，即使只是尝试一小口，也可能导致孩子的厌恶、拒绝以及与教师的权力斗争。研究显示，饮食障碍往往在进餐时感受到压力、恐惧、缺失爱或伴随着惩罚或奖励的情况下产生。通过强迫、威胁或惩罚，孩子可能会对自己的需求产生怀疑，甚至不再察觉到自己的需求（Wertfein & Müller，2012）。因此，用取消甜点等方式来威胁或惩罚孩子是不可接受的，例如"你没有吃东西，所以没有甜点。"孩子也不必把盘子吃光才能吃到甜点。从营养心理学的角度来看，如酸奶、奶酪或水果等甜点也含有重要的蛋白质或维生素成分（van Dieken & van Dieken，2014）。

　　许多关于饮食的冲突会涉及孩子的自主决定。当孩子的自主性受到限制时，他们可能会表现出明显的反抗、拒绝或服从的态度（Hildebrandt 等，2020）。教师可以通过以下方式给予合适的反应：将观察到的孩子的反抗、不满或拒绝的信号用语言表达出来，并指出任何可能存在的界限（Hildebrandt，2020）。随后，教师应在不给予任何评判或评论的情况下，指出孩子的基本需求或愿望，或者直接询问孩子，与孩子协商，考虑双方的想法或观点，寻找灵活的解决方案（Jacubeit，2010）。在这种情况下，教师对孩子的安抚和鼓励也是合适的回应（Hildebrandt 等，2020）。

　　相对而言，某些在进餐环节可能出现的干扰（如孩子频繁离座）可以通过对空间和管理的调整来解决。例如，将所有必需的餐具都事先准备好，将食物盛放在透明的碗中，以便孩子可以看到碗里的内容，无需离座。这可以防止因频繁离座和取用物品而产生的干扰（Bostelmann & Fink，2014；Gutknecht & Höhn，2017）。

　　教师的很多教育或互动行为深深植根于自己多年的习惯和园所的工作逻辑中，很多时候是无意识的。多年的职业化工作让自己的行为变得自然而然，很难对自身行为产生主动的思考或质疑。此外，教师个人的生活经历（如必须吃完或保持坐姿）对自己的工作也会产生显著影响，通常会不自觉地将自我经历或习惯设置成教育工作中的规则（Hildebrandt 等，2020）。为了减少成人与孩子之间因权力不对等而产生的对孩子不利的情况，识别出对孩子尊严和幸福感的细微侵害，教师需要批判性地看待自身的教育行为和固有的惯例。因此，规律地与同事针对实践开展反思，如参加教研，能帮助识别和改变自己常常已经无意识的行为惯例（Fischer，2017；Fasseing-Heim，2017）。

工作坊:保障进餐环节的师幼互动质量

教研次数:本主题教研分三次举行。

教研目标:理解进餐环节开展高质量师幼互动的策略,尝试在实践工作中运用。

第一次教研

材料准备

- 本书内容(第192—194页)
- 记录纸和笔
- 视频2《进餐环节中的身心在场、解读信号,关注个别需求、帮助调节情绪》、视频3《进餐环节中的支持体验关系和文化》、视频4《进餐环节中的丰富感官探索和给予启引》
- 投影仪或大型显示器

活动流程

一、理论学习(10分钟)

1. 主持人:(分发阅读材料)请大家阅读本节理论部分的开头和段落"进餐环节中的身心在场、解读信号,关注个别需求、帮助调节情绪"。
2. 主持人分发记录表2-2,教师基于自己的理解尝试完成记录表。

记录表2-2　概念问答-1

1. 如何理解概念"教师的敏感回应"?	
2. 请描述"教师的敏感回应"在进餐环节的意义。	

二、观看视频和讨论(20—30 分钟)

1. 主持人播放视频 2《进餐环节中的身心在场、解读信号、关注个别需求、帮助调节情绪》。

2. 教师分小组讨论以下问题：视频中教师针对孩子的信号给出了合适的解释和反应吗？说明原因。

三、理论学习(10 分钟)

1. 主持人：(分发阅读材料)请大家阅读本节理论部分段落"进餐环节中的支持体验关系和文化"。

2. 主持人分发记录表，教师基于自己的理解尝试完成记录表。

记录表 2-3　概念问答-2

在进餐环节中，教师能运用哪些策略来支持孩子体验关系？

四、观看视频和讨论(20—30 分钟)

1. 主持人播放视频 3《进餐环节中的支持体验关系和文化》，请教师重点关注视频中孩子和教师交谈的内容。

2. 教师分小组交流：视频中的孩子是否拥有了一次良好的关系和文化体验？如果自己是视频中的教师，会如何回应孩子？

五、理论学习(10 分钟)

1. 主持人：(分发阅读材料)请大家阅读本节理论部分段落"进餐环节中的丰富感官探索和给予启引"。

2. 主持人分发记录表 2-4，教师基于自己的理解尝试完成记录表。

记录表 2-4　概念问答-3

问题	回答
1. 在进餐环节中，孩子可以积累哪些感官经验？	
2. 请举例说明，进餐环节存在哪些教育契机？	

六、观看视频(15 分钟)

1. 主持人播放视频 4《进餐环节中的丰富感官探索和给予启引》。
2. 请教师在以下记录表中写下视频中自己感兴趣的信息以及相关的思考。

记录表 2-5 视频观看记录-1

我感兴趣的内容	我的思考

七、制定下一步实践计划(5—10 分钟)

1. 请教师从今天的三个主题中选择最感兴趣的一个,作为接下来开展教育实践的内容。每天选择一个进餐环节,与孩子开展互动,实践相关的策略。
2. 如果条件允许,请搭班老师互相为对方拍摄一个视频(约 1 分钟),用于下一次教研。
3. 每天实践过后,教师在表 2-6 中记录相关信息。

记录表 2-6 "保障进餐环节的师幼互动质量"教育实践记录-1

	过程描述	孩子的反应	教师对孩子信号的解释和反应
第一天			
第二天			
第三天			
第四天			
第五天			

第二次教研

材料准备

- 本书内容（第 196—199 页）
- 教师在教育实践中拍摄的视频和完成的记录表
- 记录纸和笔（人手一支）
- 视频 5.1《孩子参与餐前准备》、视频 5.2《在进餐环节培养孩子的参与性和自主性》、视频 5.3《孩子参与饭后清洁》
- 投影仪或大型显示器

活动流程

一、教育实践分享（30—40 分钟）

1. 将教师分组，组内分享各自的教育实践，借助拍摄的视频讲述各自感受和思考，讨论在实践中产生的疑惑或遇到的问题。
2. 小组成员共同探讨这些问题的解决办法。

二、理论学习（10 分钟）

1. 主持人：（分发阅读材料）请大家阅读本节理论部分段落"进餐环节中的赋予参与权"。
2. 主持人分发记录表 2-6，教师基于自己的理解尝试完成记录表。

记录表 2-6　概念问答-4

问题	回答
1. 在进餐环节中，高质量的参与权有哪些特点？	
2. 请举例说明，进餐时教师如何培养孩子的自主性和自我效能感。	
3. 请举例说明，教师要注意哪些方面，才能让孩子在一个有准备的环境中自主行动。要如何合理安排一日流程，以适时满足孩子个性化的饥饿、口渴或喝奶的需求。	

三、观看视频和讨论(30—40分钟)

1. 主持人依次播放三个视频:视频5.1《孩子参与餐前准备》、视频5.2《在进餐环节培养孩子的参与性和自主性》、视频5.3《孩子参与饭后清洁》。

2. 教师在观看视频过程中重点关注孩子参与了进餐环节的哪些事情,以及教师如何赋予孩子参与权。

3. 教师填写记录表2-7。

记录表2-7　视频观看记录-2

	孩子参与了进餐环节的哪些事情?	教师如何赋予孩子参与权?	你对此的感受或想法
视频1			
视频2			
视频3			

4. 教师分组交流各自的记录或感受。

四、制定下一步实践计划(5—10分钟)

1. 请教师从"进餐环节中的赋予参与权"的众多示例视频中,选择一个自己感兴趣的或还未在自己班级实施过的方法,作为接下来教育实践的主题。每天选择一个进餐环节开展实践。

2. 如果条件允许,教师要拍下相关照片,用于下一次教研。

3. 每天实践过后,教师在记录表2-8中写下相关信息。

记录表 2-8 "保障进餐环节的师幼互动质量"教育实践记录-2

	过程描述	孩子的行为描述
第一天		
第二天		
第三天		
第四天		
第五天		

第三次教研

材料准备

- 本书内容（第 199—200 页）
- 教师在教育实践拍摄的照片和完成的记录表
- 记录纸和笔（人手一支）
- 空白的大张海报纸

活动流程

一、教研实践分享（30—40 分钟）

1. 将教师分组，组内分享各自的教育实践，展示拍摄的照片，讨论自己在实践中产生的疑惑或遇到的问题。

2. 小组成员共同探讨这些问题的解决办法。

3. 基于以上学习和交流，教师经过集体讨论，梳理出本园进餐环节尽可能多地赋予孩子参与权的实践做法，并将结果总结在海报纸上，后续将其张贴在各个教室明显能看到的地方。

二、理论学习(10 分钟)

1. 主持人:(分发阅读材料)请大家阅读本节理论部分段落"进餐环节中的建立和遵守合理的规则、陪伴解决冲突"。

2. 主持人分发记录表2-9,教师基于自己的理解尝试完成记录表。

记录表2-9　概念问答-5

在进餐环节,教师可以制定哪些规则?	在进餐环节,教师应避免哪些规则?

三、集体交流(10—15 分钟)

主持人组织现场教师集体(或根据人数分小组)交流对以上问题的回答。

四、教师自测和交流:进餐环节高质量师幼互动的保证(30 分钟)

1. 请教师阅读以下描述,从"是"和"否"中做出选择。如果选择"是",请列举一个成功的案例;如果选择"否",在备注中记录自己在未来的工作中实施该条描述时需要注意的地方。

记录表2-10　"保障进餐环节的师幼互动质量"教师自测

	是	否	举例	备注
我会敏感地察觉孩子的信号(如饥饿、口渴、饱腹),并做出敏感细腻的回应。				
我会组织进餐环节,确保孩子能有熟悉的教师在旁陪伴。				
我通过分组、小桌进餐和在旁陪伴,确保孩子感到自己是集体的一部分,并融入社交互动。				
我会了解和尊重班上孩子关于进餐的文化差异,并在创设进餐环节时加以考虑。				

续　表

	是	否	举例	备注
作为孩子的榜样,我会示范尊重和友好的行为,客观地与孩子讨论贬低、偏见或歧视等问题。				
我关注孩子在进餐环节中的感官体验,并借此扩展他们的词汇量。				
我会积极地让孩子参与进餐的准备工作(如布置餐桌)。				
我允许孩子参与塑造进餐环节(如仪式、餐前祝词等)。				
我会为孩子提供充分的用餐时间,注意避免产生不必要的等待时间。				
我会在餐食环节尽可能保障孩子的自主性(如对饮食和座位的选择)。				
我会让孩子根据他们的发展水平自行完成相关活动。				
当孩子面临行动能力方面的限制时,我会表达提供帮助的意愿,并等待他们的同意。				
我会确保进餐环节不受外部干扰。				
我会用语言表达孩子表现出的抵触情绪,指出可能的界限或规则,并与孩子共同寻找解决方案。				

2. 教师组内分享各自自测表的内容,讨论对本节"保障进餐环节的高质量师幼互动"的思考和反思。

3　从组织层面探讨：优化进餐环节的师幼互动

精心设计的空间环境、轻松的环节过渡以及教师良好的协调合作，是在进餐环节创设出愉快对话氛围的基础。

设计空间环境

设计进餐场所的空间环境，包括桌子的摆放，这对教师和孩子之间的互动有着重要影响。伊丽丝·南特维格-格塞曼和卡塔琳娜·尼古拉（Iris Nentwig-Gesemann & Katharina Nicolai，2017）在针对视频记录进行的互动分析中总结了三种常见的空间设置（如表 3-1 所示）。

表 3-1　社会性空间设置（Nentwig-Gesemann & Nicolai，2017）

孩子的空间被教师的空间所包围	孩子围坐在桌子周围，桌子的中间摆放着食物，教师在孩子身后协助。
教师的空间与孩子的空间分离	孩子和教师分别坐在各自的桌子旁吃饭，这种座位安排无法形成共同体。
创设共同空间作为双向互动的情境	孩子和教师一起围坐在同一张桌子旁，这样的座位安排支持师幼双向互动。

虽然在所有的社会性空间设置中，教师和孩子之间都会发生互动，但前两种设置往往以教师为中心，不利于良好的师幼互动。而在第三种空间设置，即"共同领域"的双向互动情境中，教师与孩子之间的良性互动最为明显（Nentwig-Gesemann & Nicolai，2017）。

由此可得出结论，进餐区域应通过多个小桌进行分割，每桌最多容纳六名儿童。这样，桌上的情况更加可控。教师要事先准备好进餐场景，例如，食物和水已盛放在小碗和壶中，摆放在桌上，以避免发生混乱。当孩子需要什么时，教师无需每次都从桌旁起身，从而可以专注于与孩子的对话（Wertfein，2019）。为了始终处于孩子的视线范围内，教师可以坐在可调节高度的带轮椅子上，这样可以更加灵活地移动（Gutknecht & Höhn，2017）。

儿童进餐的地点受到园所空间结构和人力资源的影响。在贝特尔斯曼·施蒂夫通（Bertelsmann Stiftung，2014）的调查中，70.5%的托幼机构在教室内用餐，只有五分之一的托幼机构表示拥有独立的餐厅。在教室或在其他地点（如儿童餐厅）用餐的优缺点各有不同。

根据博斯特尔曼和芬克（Bostelmann & Fink，2014）的观点，在教室用餐的优点是孩子可以进行个性化进餐（用餐的时间长短、用餐的分量和次数可以尊重孩子的个性化需求）。但在教室内用餐需配置进餐设施，这会使教室空间更为拥挤，并且增加清洁桌子和地板的工作量。若在其他地点用餐，教室空间无需承担其他功能，教师也可以专注于用餐（Bostelmann & Fink，2014）。无论如何，进餐区域应设置适当的隔断保护，餐桌不应放在走路的通道上，以避免打扰到孩子用餐和餐桌上发生的对话(van Dieken & van Dieken，2014)。

进餐时，孩子可以感受饥饿感和饱腹感，这对于他们学习如何调节进食尤为重要(Gutknecht & Höhn，2017)。托幼机构应避免两餐间隔时间过长，推荐两餐间隔不超过两到两个半小时(Methfessel，Höhn & Miltner-Jürgensen，2016)。孩子要能自由获取饮用水和无糖茶(Gutknecht & Höhn，2017)。弹性的用餐时间允许孩子自主地选择何时用餐，以便灵活地结束自己的游戏。更加推荐小组形式的进餐情境，孩子能够享受一个安静的进餐时段，也能对自己的身体有更好的感知，但这需要班级教师进行良好的分工协作(Wertfein & Müller，2012；Gutknecht & Höhn，2017)。

在进餐开始前精心做好所有的准备工作，有助于在餐桌上营造放松的氛围。为了让孩子能以放松的状态进入用餐情境，教师要尽量避免在进餐前后的过渡环节中传递急躁或压力。

设计过渡环节

进餐前后的过渡环节，是由教师自己组织和安排的，儿童在一天中可能会经历多达 6 次与进餐相关的过渡环节(Gutknecht & Kramer，2018)。为了营造一个愉快的就餐氛围，让孩子享受进餐时的对话，过渡环节应尽可能无压力且不能让孩子有长时间的等待。过渡环节的设计不仅与教师团队的规模、空间设施的条件有关，还与班级孩子的状态以及他们的个体需求密切相关。因此，古特克内希特和克拉默(Gutknecht & Kramer，2018)指出，针对班级的过渡环节，并没有统一的解决方案或万能的"专利配方"，为了找到适合自己园所的有效解决方案，教师需要讨论和反思以下问题：如何划分教室里的游戏区与用餐区，如何安排座位，如何离开用餐区域或房间，以及教师如何分配任务。两位学者针对进餐前后的过渡环节，提示教师应注意以下四个方面：

- 教师对过渡环节进行沟通，明确行动的步骤和顺序
- 尽量减少孩子的等待时间
- 避免全班或大量孩子一起移动
- 定期洗手

实践报告显示，午餐时提供两个进餐时间，根据儿童的饥饿和疲倦信号来安排，是非常有效的实践方法。分阶段的进餐和过渡环节允许孩子在不受打扰的情况下完成自己的游戏或活动，同时非常饥饿的孩子也可以提前用餐(Walter-Laager 等；2018b)。当所有孩子在同一时间用餐，过渡环节会对所有人产生压力。在这种情况下，大量孩子在同一时间的移动和对话会产生很大的噪声和压力，对孩子的进餐产生不好的影响。此外，向孩子一一分发餐食也会导致孩子长时间等待。这些等待时间完全可以减少或避免，例如直接在桌子上向孩子提供餐食(每个餐桌上摆放自助餐)或者孩子可以自己在自助餐台上取餐。需要注意的是，自助餐区必须有足够的空间，避

免出现拥挤状况(Gutknecht & Höhn，2017)。

在进餐后设计好的过渡环节，也需要教师团队的良好协调，以避免孩子长时间的等待。教师需要反思儿童用餐后何时离开座位、去哪里以及在那里做什么。为了尽可能赋予孩子日常生活中的参与权，教师应提供孩子参与清洁和整理的机会(ebd.，2017)。

最终，这些孩子不断重复做的事情会形成所谓的"脚本"——行动计划。这种脚本就像是一个剧本，使孩子能够预期或了解即将发生的事情(Gutknecht & Höhn，2017；Methfessel，Höhn & Miltner-Jürgensen，2016)。过渡环节的常规和仪式，会让孩子感受到方向感、可靠性和安全感。当然，教师仍需不断对进餐环节的常规和仪式进行反思，检查是否支持了孩子的参与权，让他们感到幸福。特别对于容易饥饿的孩子，常规和仪式可能需要进行调整。根据孩子的不同情绪状态，进餐前后的过渡环节也可能会有所不同。因此，在制定流程计划时，整个教师团队还需关注每个孩子的个别需求，并加以反思(Gutknecht & Höhn，2017)。

团队组织和教师合作

教师在进餐环节与儿童的互动不能与接电话、入园、离园或其他任务同时进行(Höhn & Lutz，2013)。韦尔特凡、米勒和达奈(Wertfein，Müller & Danay，2013)还指出，团队质量(团队合作和信息交流的质量)与师幼互动质量之间存在关联，托幼机构日常生活的复杂性和不可预测性要求教师团队应定期且紧密地互相协调。因此，在进餐环节，教师也需要明确和分配各自的任务(Gutknecht，2015)。可靠的工作程序和分工合作为在同一个班级里共事的所有同事提供了安全感和方向。清晰的组织结构与合理的值班安排也很重要(Methfessel，Höhn & Miltner-Jürgensen，2016)。举例来说，在进餐环节，教师可以选择不接听电话，而是将其转移到办公室或主管那里；教师之间明确分配任务，一人主要负责电话接听和意外事件，以及为孩子换尿布，另一名教师负责孩子的进餐，从而确保有足够的教师参与到进餐环节。这些分工需要团队协商，一个优秀的、有效的教师团队通常具有共同的目标取向、团队意识、明确的角色分配以及透明和经过协商的规则与规范(Pfreundner，2018)。

在进餐环节，孩子也会出现很有压力的状态，教师应尽可能地加以预防和缓解(Höhn，2014；Gutknecht，2015)。从教育学的角度，建议教师在进餐环节与孩子一起进餐，以作为榜样。而为了缓解教师自身面对进餐环节的压力，教师在陪伴之前应有短暂的休息时间，避免因疲惫而产生焦躁，难以与孩子进行有效的互动(Gutknecht & Höhn，2017)。

最后，对每个孩子进餐环节进行记录，教师团队对其进行共同反思也是非常必要的，它能帮助教师了解每个孩子的进餐习惯和进餐规则，并因此做出合理的改变(Gutknecht，2015)。因此，教师应获得相应的时间和空间，以便能共同讨论和思考进餐环节的流程设计、空间布置，以达成团队共识(Nentwig-Gesemann 等，2011)。在以下工作坊中列出的反思问题可以帮助教师团队围绕进餐环节的组织管理工作开展共同思考。

工作坊:优化进餐环节的师幼互动

教研次数:本主题教研举行一次。

教研目标:在班级内设计孩子有参与权的且呈现高质量师幼互动的进餐环节。

材料准备

- 本书内容(第 209—211 页)
- 记录纸和笔(人手一支)
- 空白的大张海报纸

活动流程

一、理论学习(15—20 分钟)

1. 主持人:(分发阅读材料)请教师阅读本节"从组织层面探讨:优化进餐环节的师幼互动"的理论部分。

2. 主持人分发记录表 3-2,教师基于自己的理解尝试完成记录表。

记录表 3-2 "从组织层面探讨:优化进餐环节的师幼互动"概念问答

问题	回答
1. 哪种社会性空间环境最有利于形成师幼共同互动的情境?	
2. 在进餐环节,教师应注意哪四个方面?	
3. 过渡环节中的常规和仪式对孩子有哪些好处?	

二、教师反思和分享(30 分钟)

1. 在这一部分没有提供常见的质量检查自测表,而是为教师提供了反思问题。这些问题能为教师团队提供帮助,帮助大家找到适合各自园所设施的个性化解决方案。

2. 主持人分发记录表 3-3,教师思考以下问题并写下自己的回答。

记录表 3-3　"从组织层面探讨:优化进餐环节的师幼互动"反思问题

组织角度	反思问题	回答
空间	哪些空间或区域被用于进餐前的过渡环节? 被用于进餐时、进餐中还是进餐后?	
	在这些空间或区域中,在进餐前、进餐时或进餐后,由谁在什么时候负责?	
	哪些食物应该由谁在哪里做好? 我们是否能自己做饭?	
	谁应该在哪里把食物都准备和摆放好?	
	谁应该在什么时候、在哪里做好各个房间区域的准备工作?	
	谁在什么时候负责各房间区域的清洁?	
人员、班级大小和构成	全班集体进餐、部分进餐或小组进餐,分别需要多少教师参与?	
	是否必须集体进餐,是否可以分批次进餐或有弹性、个性化地进餐?	
	教师应在空间的哪个位置、以何种方式陪伴孩子进餐?	
	哪些孩子在进餐时需要协助?	
进餐环境	在现有的空间和人员条件下,哪种进餐环境有助于创设一个尽可能安静、放松的氛围,并让师幼有时间进行有趣的对话? － 集体进餐 － 分批进餐 － 弹性进餐	

组织角度	反思问题	回答
	餐食应如何提供和展示,才能让孩子在一个尽可能放松的氛围中自主进食? 　－ 餐盒 　－ 每张桌上摆放自助餐 　－ 单独的自助餐台	
	孩子如何找到自己的座位(固定座位或自由选择)?	
	孩子如何参与食物的准备、餐桌布置、清理和打扫?	

3. 教师在组内分享各自反思的内容以及从组织角度塑造高质量互动的进餐环节的思考。

三、制定本园行动计划(40—50 分钟)

1. 为了优化本园高质量师幼互动的进餐环节,主持人将教师分作三个小组,从以下三个话题中选择一个与组织管理有关的话题(设计空间环境,设计过渡环节,团队组织和教师合作),为本园制定合适的行动计划,并将讨论结果写在海报纸上。

　－ 教师应如何设计本园的进餐空间?

　－ 从教师的角度,能如何优化进餐前后的过渡环节?

　－ 班级教师应如何分工合作,以支持进餐环节中高质量的师幼互动?

2. 每个小组分享各自讨论的结果,再经过集体讨论达成共识,最终形成本园的行动计划,后续分发到各个班级。

参考文献①

本书导言部分

［1］胡碧颖,王双.学前教育质量评价:研究与实践［M］.北京:北京师范大学出版社,2021.

［2］丁骞,郑雯,张青瑞,吴衍丽.教师特征对托班师幼互动质量的影响——基于 CLASS Toddler 的实证研究［J］.陕西学前师范学院学报,2023,39(6):78－85.

［3］黄楹,童连.国际托育质量评估与监测体系［J］.中国儿童保健杂志,2022,30(8):869－873.

［4］中华人民共和国教育部制定.3—6 岁儿童学习与发展指南［M］.北京:首都师范大学出版社,2012.

［5］王诗雨,刘昊,罗丽,鲁嘉琦.北京市示范性与非示范性托幼机构师幼互动质量对比研究［J］,幼儿教育,2023,(27):36－40.

［6］杨希,张丽敏."三孩"政策背景下托育质量的困境与出路——基于 CLASS Toddler 的实证研究［J］,广州大学学报(社会科学版),2021,20(6):95－104.

［7］Bundesministerium für Bildung, Wissenschaft und Forschung. BildungsRahmenPlan für elementare Bildungseinrichtungen in Österreich. 2009.

［8］Hong, X.M., Liu, Q.Q., Zhang, M.Z., Li, H. The Accessibiity, Quality, and Administration of Childcare Services for Birth to 3 years under China's Universal Two-child policy［J］. Early Education and Development, 2021. http://doi.org/10.1080/10409289.2021.1943639

［9］Hong X, Zhu W and Luo L. Non-parental Care Arrangements, Parenting Stress, and Demand for Infant-Toddler Care in China: Evidence from a National Survey［J］. Front. Psychol, 2022. 12: 822104.doi:10.3389/fpsyg.2021.822104

［10］Hong, X., and Tao, X. The policy and practice of educating and caring for infants and toddlers in

---

① 为了环保,也为了节省您的购书开支,本书参考文献不在此一一列出。如果您需要完整的参考文献,可添加出版社客服索取:QQ——977212248,微信——yueryingsh.

China during the 40 years of reform and opening-up [J]. Stud. Early Child. Educ, 2019:2,3 – 11. doi:10. 1007/978-981-33-6742-5_1

［11］ Hu, B. Y. , Zhou. , Y. , Chen, L. , Fan, X. & Winsler, A. Preschool expenditures and Chinese children's academic performance: The mediating effect of teacher-child interaction quality [J]. Early Childhood Research Quarterly,2017(41):37 – 49.

［12］ La Paro, K. M. , Williamson, A. C. & Hatfield, B. Assessing Quality in Toddler Classrooms Using the CLASS-Toddler and the ITERS-R [J]. Early Education and Development, 2014(25):875 – 893.

［13］ National Institute of Child Health and Human Development Early Child Care Research Network. Early child care and children's development in the primary grades: Follow-up results from the NICHD Study of Early Child Care [J]. American Educational Research Journal 2005,42(2):537 – 570.

［14］ Pölzl-Stefanec, Eva, Bachner, Christina, Geißler, Claudia, Sonnleithner, Tanja & Walter-Laager, Catherine. Essenssituationen-Gute Interaktionsqualität sichern und sprachlich begleiten. Graz: Karl-Franzens-Universität Graz, 2021.

［15］ Vandell, D. L. , Belsky, J. , Burchinal, M. , Steinberg, L. & Vandergrift, N. Do effects of early child care extend to age 15 years? Results from the NICHD Study of Early Child Care and Youth Development [J]. Child Development, 2010.81(3):737 – 756.

［16］ Walter-Laager, C. , Barta, M. , Flöter, M. , Geißler, C. , Bachner, C. , Epping, D. , Sonnleithner, T. Pölzl-Stefanec, E. Grazer Interaktionsskala für Kinder unter sechs Jahren (GrazIAS 0 – 6). Gute Qualität in der Bilding und Betreuung von Kindern feststellen und weiterentwickeln-Messinstrument für Interaktionsqualität in außerhäuslichen Bildungs-und Betreuungseinrichtungen (2. Vollständig überarbeitete Auflage). Graz: Universität Graz, 2022.

［17］ Walter-Laager, Catherine, Pölzl-Stefanec, Eva, Bachner, Christina, Rettenbacher, Karoline, Vogt Franziska & Susanne, Grassmann. 10 Schritte zur reflektierten alltagsintegrierten sprachlichen Bildung. Arbeitsmaterial für Aus- und Weiterbildungen, Teamsitzungen und Elternabende. Graz: Karl-Franzens-Universität Graz, 2018.

［18］ Walter-Laager, Catherine, Pölzl-Stefanec, Eva, Gimplinger, & Mittischek, Lea. Gute Qualität in der Bildung und Betreuung von Kleinstkindern sichtbar machen. Arbeitsmaterial für Aus- und Weiterbildungen, Teamsitzungen und Elternabende. Graz: Karl-Franzens-Universität Graz. Umwelt-, Regional- und Bildungswissenschaftliche Fakultät. Institut für Erziehungs- und Bildungswissenschaft. Arbeitsbereich Elementarpädagogik, 2018.

［19］ Xia, Juan. Teacher-Toddler Interaction quality and the Associations with Structural Features: A Comparative Study of Toddler Classrooms from Germany and China [J]. Doctoral dissertation, University of Graz, 2025.